Arbeitsblätter
Deutsch

Gerhart Hauptmann
„Die Ratten“

39 Arbeitsblätter
mit didaktisch-methodischen Kommentaren

Oberstufe

von
Wolfgang Pasche

Ernst Klett Verlag
Stuttgart · Leipzig

Der Verlag hat sich nach bestem Wissen und Gewissen bemüht, alle Inhaber von Urheberrechten an Beiträgen zu diesem Werk ausfindig zu machen. Sollte das in irgendeinem Fall nicht korrekt geschehen sein, bitten wir um Entschuldigung und bieten an, gegebenenfalls in einer nachfolgenden Auflage einen korrigierten Quellennachweis zu bringen.

In der Klettreihe Editionen für den Literaturunterricht ist erschienen:
Gerhart Hauptmann: „Die Ratten". Texte und Materialien. Klett-Nr. **352433**

Leider stimmen die Seitenverweise in den Arbeitsblättern „Die Ratten" nicht mehr mit der Neuausgabe der Editionen „Die Ratten". überein. Um Ihnen die Arbeit mit den Arbeitsblättern und den neuen Editionen zu ermöglichen, haben wir für das Heft eine **Seitenkonkordanz** erstellt.

Sie finden sie zum kostenlosen Download unter: **www.klett.de/online**
Geben Sie dort in das Feld **„Online-Link"** folgende Nummer ein: **927435-0000**

Die Deutsche Bibliothek – CIP-Einheitsaufnahme

Pasche, Wolfgang:
Arbeitsblätter Gerhart Hauptmann, Die Ratten:
39 Arbeitsblätter mit didaktisch-methodischen Kommentaren;
[folgt der reformierten Rechtschreibung und Zeichensetzung] /
von Wolfgang Pasche. – 1. Auflage – Stuttgart; Düsseldorf; Leipzig: Klett, 1999
ISBN 3-12-927435-9

1. Auflage A 1 7 6 5 4 3 | 2012 2011 2010 2009 2008

Alle Drucke dieser Ausgabe sind untereinander unverändert und können im Unterricht nebeneinander benutzt werden. Die letzte Zahl bezeichnet das Jahr dieses Druckes.

Die Texte folgen der reformierten Rechtschreibung. Ausnahmen bilden Texte, bei denen künstlerische, philologische oder lizenzrechtliche Gründe einer Änderung entgegenstehen.

Internetadresse: www.klett.de

Entstanden in Zusammenarbeit mit dem Projektteam des Verlages.

Druck: Medien Druck Unterland, Flein
Printed in Germany.

ISBN 978-3-12-927435-4

9 783129 274354

Sequenz I Annäherung an den Text / Lektürephase

Sequenz II Ratten-Räume

Sequenz III Personen und ihre Motive

Sequenz IV Ratten-Sprache

Sequenz V Ratten und Gespenster

Sequenz VI Spiel im Spiel

Sequenz VII Berliner Tragikomödie

Sequenz VIII Ratten-Zeiten

Sequenz IX Der literarische Naturalismus

Sequenz X Leben und Werk Gerhart Hauptmanns

M 1

Blick in die Alexanderstraße in Berlin, 1887, mit für die Zeit typischen Mietskasernen

M 2

Noch die vermodertsten Gemäuer dienen armen Familien als Unterkunft.
Auch in der alten Kaserne in der Alexanderstraße, die Gerhart Hauptmann als Vorbild für den Handlungsort der „Ratten" dienen wird, hausen Dutzende Berliner Familien: „Das Innere dieser Ruine entspricht vollkommen dem äußeren Eindruck; die früheren Mannschaftsstuben sind durch Holzwände in zwei Räume geteilt und so in Stube und Küche umgewandelt. Familien von zum Teil acht bis neun Köpfen bewohnen zusammengedrängt ein Zimmer, die schmutzigen Treppen, Korridore und Wohnungen bieten einen Herd für Seuchen und Epidemien." (Vossische Zeitung, 30. Mai 1900)
Und dann die Kellerwohnungen …

Dieter und Ruth Glatzer: Berliner Leben 1900–1914. Eine historische Reportage aus Erinnerungen und Berichten. Berlin 1986, S. 86

M 3

Ihr Dach stieß fast bis an die Sterne,
Vom Hof her stampfte die Fabrik,
Es war die richt'ge Mietskaserne
Mit Flur- und Leiermannsmusik!
Im Keller nistete die Ratte,
Parterre gab's Branntwein, Grog und Bier,
Und bis ins fünfte Stockwerk hatte
Das Vorstadtelend sein Quartier.

Arno Holz

Arno Holz: aus „Phantasus", abgedruckt in: Jürgen Schulte (Hg.), Lyrik des Naturalismus. Stuttgart 1982, S. 82 f.

M 1

Arbeitsauftrag:

Bereiten Sie **Rollen-Biographien** zu den folgenden Figuren vor.
Sammeln und lesen Sie dazu zunächst alle Stellen, in denen die Figuren zu Wort kommen bzw. über sie gesprochen wird.
Entwerfen Sie eine „Biographie“, indem Sie auf die Entwicklung oder Nichtentwicklung der Figuren im Verlauf des Stückes, ihre Herkunft/Ausbildung/Beruf, ihr Auftreten, ihre Eigenschaften und Artikulationsmöglichkeiten eingehen.

(A) John-Gruppe

(I) Henriette John (S. 5–12, 28, 29, 38, 42 ff., 57, 80, 88, 90, 110–113)
(II) Paul John (S. 6, 29–36, 75–81, 88–91, 105–110)
(III) Bruno Mechelke (S. 7, 9–11, 33, 90–95, 102)
(IV) Pauline Piperkarcka (S. 5–9, 42–47, 67 f., 92–94)
(V) Emil Quaquaro (S. 49, 51, 57 f., 75–78, 111–113)

(B) Hassenreuter-Gruppe

(VI) Harro Hassenreuter (S. 4, 14–20, 33 f., 52–59, 98–111)
(VII) Erich Spitta (S. 21 f., 37–40, 53–55, 80–84, 100, 112 f.)
(VIII) Pastor Spitta (S. 40, 58–63, 82 f.)
(IX) Sidonie Knobbe (S. 37 f., 57, 70–73)

M 2

Ein Beispiel: Sidonie Knobbe

Herkunft: Man könnte mich als eine zwielichtige Erscheinung bezeichnen, denn meine Herkunft lasse ich im Halbdunkel – im Volksmund nennt man mich „Gräfin“ (S. 71), und ich behaupte stets, der Adelstitel sei nicht weit von der Wahrheit entfernt. Tatsächlich prostituiere ich mich. Meine Kleidung ist modisch, wenn auch ramponiert, meine Allüren sind damenhaft, auch wenn mein Gesicht „Stigmata der Straße“ (S. 70) zeigen soll.
Auftreten/Artikulation: Trotz der Diskriminierung, die mir auch in diesem Haus entgegenschlägt (S. 38), trete ich sehr selbstbewusst auf. Meine materielle Lage ist von absoluter Armut gekennzeichnet: meine unehelichen Kinder sterben, meine Mädchen muss ich auf die Straße schicken. Ich bin drogenabhängig, versuche aber, einen gewissen kultivierten Lebensstil zu bewahren. Entsprechend äußere ich mich auch; ich „rede mit Affektation“ (S. 70). Meine Sprache ist mit Fremdwörtern geschmückt, die Sätze sind kunstvoll gebaut.
Eigenschaften/Emotionen: Ich bin eine „arme, vom Schicksal verfolgte Frau“ (S. 71): von der Familie verstoßen, seit ich mit einem Leutnant durchgebrannt bin, der mich dann sitzen gelassen hat, aus der Kirche verwiesen, mehrfach vorbestraft, schließlich mit dem „Abschaum der Menschheit“ identifiziert (S. 72). Meine Trostlosigkeit suche ich mit Alkohol und Drogen zu betäuben. Dennoch gebe ich meinen Stil nicht auf, deshalb lautet auch der Name meines Sohnes „Helfgott Gundofried“. Die theaterwirksame Art, mit der ich vor den Augen des „berühmten Mannes“ auftrete (S. 71), habe ich mir ebenso bewahrt.

M 1

Heinrich Zille, Hausdurchgang im Krögel, Herbst 1898

M 1

„Die Ratten"

Themen
- Gibt es vernünftige Lösungen?
- Zu welchen Verzweiflungstaten treibt „Mutterliebe"?

Autor / Form
- Warum heißt das Stück „Die Ratten"?
- Wieso hat Hauptmann für „Die Ratten" diese Form (Tragikomödie) gewählt?
- Welche Personen kannte Hauptmann wirklich?

Personen

Pauline
- Gibt es für Menschen wie Pauline keine Hoffnung auf ein besseres Ende?
- Warum will Pauline ihr Kind haben?

Bruno
- Ist Bruno das Böse?
- Ist er Täter oder Opfer?
- Hat Bruno andere Seiten?
- Aus welchem Grund bringt Bruno das Mädchen um? (Er hat die ganze Nacht mit ihr getanzt)

Frau John
- Warum sagt sie ihrem Mann nicht die Wahrheit?
- Was ist an Frau Johns Verhalten so verwerflich?
- Warum schafft es Frau John nicht, sich von ihrem Bruder zu lösen?
- Warum adoptiert Frau John nicht – zusammen mit ihrem Mann – ein Kind?

Herr John
- Wie kommt es, dass Herr John von der Sache mit dem Baby nichts ahnt?

Erich Spitta
- Was wird aus Erich Spitta?

M 1

Ratten-Räume (TA)

I. Akt, S. 4 f.: Dachboden

Licht	schwach (1 Lampe) kein Tageslicht
Einrichtung	wüstes Durcheinander, primitive Möbel zahlreiche Nebenräume
Nutzung	doppelte Nutzung: als Büro und Theaterfundus als Magazin und Schule
Mieter/Nutzer	Hassenreuter ist Künstler und Bürger; spielt v. a. Schiller-Repertoire („Wallenstein“, „Räuber“) und Geschichtsdramen generell
Resümee:	eine zwielichtige Welt auf dem Grat zwischen Schein und Wirklichkeit; eine rückwärtsgewandte, unheimliche, phantastische, demimondäne Welt

II. Akt, S. 26 f.: II. Stock

Licht	helles Tageslicht; sonnig, warm
Einrichtung	zwei hohe Fenster wenig Möbel, nur ein Raum zweckbetonte Nüchternheit unpersönlich – anonym – sauber
Nutzung	ein großes Zimmer mit abgeteilten Ecken zum Wohnen, Schlafen und Kochen enge Aufsteigerwohnung: Versuch mit geringen Mitteln ein behagliches Ambiente zu erreichen, eine bürgerliche Umgebung nachzubauen
Mieter/Nutzer	Paul John: 40 Jahre alt, Polier, gutmütig-behaglich Henriette John: Mitte 30; Hausfrau, zufrieden-ängstlich
Resümee:	Die Wohnung spiegelt die Lebensbereiche des Ehepaares: ihr gesamtes Leben spielt sich in diesem einen Raum ab. Selbst die kleinen (vom Publikum aus kaum erkennbaren) Familienbilder verweisen auf zentrale Probleme des Dramas: die Beziehungen der Eheleute untereinander, ihre Kinderlosigkeit.

M 1

Nah- und Fernraum

Man hat die Wahl des Schauplatzes in den „Ratten" sehr oft als willkürlich bezeichnet. So ist etwa gesagt worden, dass Hassenreuter seinen Fundus doch nicht in diesem grässlichen Gebäude unterbringen werde. Das Unpassende in dieser Zusammenstellung ist aber Absicht. Hauptmann verlegt das Geschehen in eine Mietskaserne, weil er so disparateste Elemente auf engstem Raum zusammenbringen kann. Der Gegensatz des Bodens zu der Arbeiterwohnung betont die Heterogenität einer Welt, in der nichts miteinander zu harmonisieren scheint.
Das Berliner Rattenhaus ist gleichsam ein Mikrokosmos, dessen innere Widersprüchlichkeit jene heillose Spaltung versinnbildlicht, welche die menschliche Existenz erfasst hat. [...]

Man kann zwei verschiedene Aspekte des „Raums" unterscheiden, die sich allerdings nie völlig voneinander trennen lassen. Er versinnbildlicht einmal die innere Gegensätzlichkeit des menschlichen Daseins, zugleich ist er aber umfassender und zusammenfassender Faktor. Trotz der vor allem optisch im Nebeneinander kontrastierender Bühnenbilder zum Ausdruck kommenden Gegensätzlichkeit spüren wir die Totalität dieser Welt. Sie hat ihre „Atmosphäre", welche sie für unser Gefühl zu einem Ganzen macht. Atmosphäre oder Stimmung sind Begriffe, die sich ihrer Natur gemäß einer allzu genauen Umschreibung entziehen. Sie verweisen auf rational kaum fassbare Zusammenhänge. Akustische Mittel sind aus diesem Grund auf der Bühne oft geeigneter, sie heraufzubeschwören als das optische Bild in seiner vordergründlichen Klarheit. Der Bereich des Ohres ist weiter, umfassender, dafür aber auch unbestimmter als der des Auges.
Man würde den Geist eines Stücks wie die „Ratten" völlig missverstehen, wenn man die vom Dichter intendierte akustische Untermalung überginge. Man gibt sich zwar über ihre Bedeutung noch kaum Rechenschaft, wenn es im ersten Akt heißt: „Vorübergehend war der Berliner Straßenlärm, auch Kindergeschrei aus den Hausfluren, vernehmlich geworden. Leierkastenmusik vom Hof herauf." Mit der Zeit werden diese Stimmen aber immer vernehmlicher und lassen sich nicht mehr überhören. Selbstverständlich handelt es sich stets um ganz bestimmte, allbekannte Geräusche. Aber dieser Straßenlärm und das Kindergeschrei, Leierkastenmusik und Kirchenglocken verschmelzen mit dem Klingeln der Straßenbahn und dem Wagenrollen zu einem einzigen „ununterbrochenen Rauschen Berlins". Daraus spricht das ständig pulsierende Leben der großen Stadt, die nie ganz zur Ruhe kommt. Das Rauschen ist gleichsam der Grundakkord des Stücks, den die Stimmen im Vordergrund wohl zeitweilig übertönen mögen, der aber sofort wieder durchbricht, sobald diese verstummen.
In diesen Geräuschen eröffnet sich ein Fernraum, der seiner ganzen Natur nach etwas grundsätzlich anderes ist als das vordergründige, in seiner Endlichkeit genau festgelegte Bühnenbild. Er bleibt ein anonymes, gestaltloses Wesen, das nur an den von ihm ausgehenden Wirkungen erkennbar ist. Das Akustische ist weitaus am besten geeignet, das verborgene irrationale Leben der Tiefe auszudrücken. Es gehört selber zu dem Bereich der Ferne und des Schrankenlosen. Es vereint, während das Bild trennt. Regisseure wie Piscator oder Reinhardt haben von akustischen Mitteln ausgiebig Gebrauch gemacht und damit seinerzeit sehr starke Wirkungen erzielt. Ein Stück wie die „Ratten" fordert eine solche Inszenierung auch geradezu heraus. Die akustischen Untermalungen sprechen das Gefühl des Hörers an, sie wecken in ihm „Erinnerungen" und versetzen ihn in Stimmung. Zusammen mit den Personen des Dramas (und durch sie) erlebt er das Andringen der Lebensmächte, die sich in der geradezu körperlich fühlbaren Atmosphäre kundtun.

Paul Berger: Gerhart Hauptmanns „Ratten" (Interpretation eines Dramas). Winterthur 1961, S. 18–21.

M 2

Der Raum im naturalistischen Drama

Die leicht erkennbare Tatsache, dass Raumkonzeption und Bühnengestaltung historisch einem steten Wandel unterliegen, evoziert die Einsicht, dass beide nicht isoliert oder gar nur strukturell gesehen werden können, sondern dass außerästhetische Faktoren als grundlegend mitbestimmend einbezogen werden müssen. Vergleicht man etwa die Raumvorstellung, wie sie dem klassischen Drama zugrunde liegt, mit der, die das naturalistische Drama trägt, so sind größere Gegensätze in der Wahl und Funktionalität der Schauplätze kaum denkbar. Hier offenbart sich in einem begrenzten Bereich der sozial- und geistesgeschichtliche Prozess, der Anfang und Ende des 19. Jahrhunderts gleichsam als Exponenten möglicher Wirklichkeitserfahrung sichtbar voneinander abhebt.

Bildet auf der einen Seite ein metaphysisch ausgerichtetes Weltbild, das das Leben in ein ideelles Ordnungsgefüge integriert, die Grundlage des Denkens, so dominiert am Ende des 19. Jahrhunderts eine primär materialistische Wirklichkeitssicht.

Sie ist ein Produkt des tief greifenden sozialen Wandels, der sich u.a. durch die Industrialisierung in Deutschland vollzieht und die sozialen Gegensätze speziell in der Bismarckschen Ära konsequent in das Bewusstsein der Öffentlichkeit rückt. Sozialrevolutionäre Ideen – nach der gescheiterten Revolution von 1848 verschüttet – bestimmen die Auseinandersetzungen, die sich zunehmend verschärfen.

Das Vordringen der Naturwissenschaften, die sich aus der Philosophie ausgrenzen, die Herausbildung von Evolutions- und Milieutheorien bezeichnen den geistigen Hintergrund der gesellschaftlichen Entwicklung.

In den Programmen und Manifesten der Naturalisten kehren diese Ideen – wenn auch oft ungenau und einseitig rezipiert – wieder und bestimmen die Konzeption einer neuen Literatur, die sich der kritischen Wiedergabe der empirischen Realität verschreibt. Besonders das Drama als bevorzugte Gattung ist davon betroffen, was Gestaltung und Bedeutungsqualitäten des Raumes entscheidend beeinflusst.

Äußerliches Kennzeichen für die gewandelte Raumkonzeption im naturalistischen Drama sind die Szenenanweisungen. Vergleicht man sie mit den lakonischen Anmerkungen im klassischen Drama, wo sie lediglich den repräsentativen Rahmen des Geschehens andeuten, eingebettet in eine entstofflichte, geistig-ideelle Wirklichkeit, bekommen sie im naturalistischen Drama geradezu den Charakter von Proseskizzen, die – mehr oder minder bühnenbezogen – einen Ausschnitt aus einer genau beobachteten sozialen Wirklichkeit vermitteln. Mit Akribie beschreibt Hauptmann in seinen frühen Dramen jedes Detail von Innenräumen und stellt das Milieu selbst in seine ihm adäquate Umwelt. Die Kommentare zu Beginn und inmitten der Akte, die zum Teil Regiebüchern gleichen, werden ergänzt durch dialogische Bezüge, die die neue Bedeutung des Raumes kennzeichnen.

Sie besteht als erstes in der Charakterisierung der sozialen und individuellen Situation der handelnden Figuren. Dem Anspruch gemäß, Lebenswirklichkeit wiederzugeben, eröffnen gegenständliche Details Einblick in die spezifischen Gegebenheiten des dargestellten Milieus. [...]

Aber nicht nur den Bereich des Sozialen umfasst die charakterisierende Funktion des Raumes. Sie betrifft gleichermaßen die individuellen Eigenheiten und Probleme der handelnden Figuren [...]

Die charakterisierende Gegenständlichkeit kann freilich im naturalistischen Drama auch nur scheinbar die wirkliche Substanz des Raumes widerspiegeln. Mehr als bei Hauptmann erweisen sich bei Ibsen die wohl situierten Bürgerintérieurs als bloße Fassade, die im Verlauf des Dramas gemäß der analytischen Technik des Autors Zug um Zug destruiert wird, so dass lang behütete Lebenslügen ans Licht gebracht, die zur Schau gestellte Geborgenheit als unecht sichtbar wird. Als Beispiel sei nur auf „Nora" verwiesen, dessen ursprünglicher Titel „Ein Puppenheim" auf die wirkliche Lebenssituation verweist, aus der sich die Hauptfigur zu befreien versucht.

Diese Entlarvung des Milieus kennzeichnet die Möglichkeit, wie der Raum auch handlungsimmanent charakterisierend eingesetzt werden kann. Das gilt schon für ein spezifisches Detail, das dazu bestimmt ist, durch seine Erscheinungsform hindurch eine bestimmte Situation zu verdeutlichen. [...]

Die enge Verbindung von Mensch und Raum, die in seiner charakterisierenden Funktion zum Ausdruck kommt, gibt zugleich Hinweise auf seine bestimmende Funktion, die ihn als kollektive Macht ausweist. Entsprechend der von außen nach innen gehenden Betrachtungsweise der Naturalisten wird der Raum als Determinationsprinzip zum Handlungsträger, der dem Individuum eigenständig und bedrohlich gegenübertritt.

Werner Keller (Hg.): Beiträge zur Poetik des Dramas. Wissenschaftliche Buchgesellschaft, Darmstadt 1976, S. 31–38

M 1

Der „Gegensatz zweier Welten“ (TA)

Hassenreuter-Welt	John-Welt
Harro Hassenreuter	Henriette John
Frau Hassenreuter	Paul John
Walburga Hassenreuter	Bruno Mechelke
Pastor Spitta	Pauline Piperkarcka
Erich Spitta	Quaquaro
Sidonie Knobbe	Selma Knobbe
Käferstein	Frau Kielbacke
Dr. Kegel	Schutzmann Schierke
Jettel	(zwei Säuglinge)
Alice Rütterbusch	

Kriterien:

+/– Dialektgebrauch
+/– Bildung
+/– Intelligenz
+/– Beruflicher Status
+/– Soziales Prestige
+/– Eigentum/Vermögen
+/– Einkommen/Verdienst
+/– Lebensstil (Kleidung, Wohnverhältnisse ...)
+/– Herkunft

M 1

Lehrerfamilie, um 1870

Arbeiterfamilie, um 1880

Ehepaar, 1890

M 2

Die „Mutterliebe" der Henriette John (TA)

Textstellen	Inhalt	Thema
S. 90, Z. 5–13	Wunsch, Macht über ihren Mann zu bekommen, ihn nach Berlin zu holen	Selbstbehauptungskampf der Frau gegen den Mann mit Hilfe des Kindes
S. 99, Z. 9–11	Trauer um den verstorbenen Sohn, dessen Tod sie nicht überwunden hat	Elementarer Muttertrieb
S. 105, Z. 36 – S. 106, Z. 7 und Z. 18 f.	Wissen, dass die biologische Mutter versagt hat, dass das Kind der Piperkarcka ohne ihr soziales Gewissen nicht überleben kann	Soziales Engagement in einer entmenschlichten „Ratten"-Welt
S. 110, Z. 20–25	verwickelt sich in ihr eigenes Lügennetz, aus dem sie keinen Ausweg mehr findet	Zwangsläufige, tragische Entwicklung
S. 111, Z. 35–37	Mord und Selbstmord erscheinen als zwangsläufige Konsequenz	Elementare Leidenschaft und soziale Krisensituation lassen Henriette John zur Schreckensgestalt werden
S. 112, Z. 25–29	Liebe bis in den Wahnsinn	Liebe überschreitet rationale Grenzen

M 3

M 4

Wunschkinder

Wie die künstliche Befruchtung zu einer weit verbreiteten Form der Fortpflanzung geworden ist. Ein GEO-ZOOM aus dem Magazin 4/2002

Rund 2 000 000 Paare in Deutschland teilen ein Schicksal: Sie können keine Kinder bekommen. Seit 1978 in England das erste Retortenbaby geboren wurde, dürfen Betroffene trotzdem auf Nachwuchs hoffen. Bei der In-vitro-Fertilisation (IVF), 1981 in Deutschland erstmals erfolgreich angewandt, werden der Frau Eizellen aus dem Eierstock entnommen, in vitro – im Reagenzglas – befruchtet und in die Gebärmutter überführt. Rund 100 000 per IVF und verwandter Methoden gezeugte Kinder sind hierzulande inzwischen zur Welt gekommen.

Seit Einführung der künstlichen Befruchtung ist die Zahl der Behandlungen nahezu kontinuierlich gestiegen. Im Jahr 2000 – die Statistik für 2001 liegt noch nicht vor – halfen Ärzte laut deutschem IVF-Register 61 531-mal bei der Zeugung nach. 28 945-mal wandten sie dabei die klassische IVF an. Doch die stößt an Grenzen, wenn Spermien zu schwach sind, in die Eizelle einzudringen. Seit 1994 bahnen deutsche Mediziner solch lahmenden Samenfäden einen Weg: Sie stechen mit einer Kanüle in die Eizelle und spritzen ein einzelnes ausgewähltes Spermium hinein. In 15 752 Fällen setzten Mediziner im Jahr 2000 diese intrazytoplasmatische Spermieninjektion (ICSI) in Deutschland ein.

Aber trotz der Fortschritte geht längst nicht bei jedem Paar der Traum vom Kind in Erfüllung. Häufig nisten die Embryonen sich in der Gebärmutter nicht ein, oder die Schwangerschaft endet abrupt. Nur rund ein Achtel der Behandlungen endet im Kreißsaal: im Jahr 2000 mit der Geburt von 7 151 künstlich gezeugten Kindern. Das sind nur wenig mehr als die 6 373 Sprösslinge, die im gleichen Zeitraum adoptiert wurden – für viele Möchte-gern-Eltern die Alternative zur technisch assistierten Reproduktion. Wobei die Chancen, auf diesem Weg ein Kleinkind zu bekommen, recht gering sind: Nur knapp ein Viertel der Adoptierten war jünger als drei Jahre. Wer sich aber unbedingt ein Kind vom eigenen Fleisch und Blut wünscht, muss bei einer künstlichen Befruchtung mit erheblichen Kosten rechnen: Eine Behandlung schlägt mit rund 5 000 Euro zu Buche. Mindestens vier Versuche zahlen die Krankenkassen. Schlägt die Therapie an, müssen die Paare allerdings oft doppelt oder dreimal so viele Windeln kaufen wie geplant: Weil Ärzte meist mehrere Embryonen übertragen, um die Aussichten auf eine Schwangerschaft zu verbessern – in Deutschland sind maximal drei erlaubt –, wachsen häufig Mehrlinge heran. Nach künstlichen Befruchtungen kamen in Deutschland im Jahr 2000 2 431 Zwillinge und 355 Drillinge zur Welt – mehr als ein Drittel aller Retortenkinder. In zwei Fällen entwickelten sich sogar Vierlinge. Der Babysegen ist nicht immer ein Grund zur Freude: Zwillinge werden oft zu früh geboren, sind häufig zu leicht, leiden nicht selten unter neurologischen Störungen. Drillinge und Vierlinge verdanken ihr Überleben meist nur dem massiven Einsatz von Ärzten.

Aus: Geo-Magazin 4/2002

M 1

Erstes Gesinde-Vermiethungs-Kontor
Tausende von Herrschaften suchen für gleich, sowie jede andere Zeit bei höchsten Löhnen zu miethen: Köchinnen, Hausmädchen, Mädchen für Alles, Kindermädchen, sowie Restaurationspersonal jeder Art, Gebühr für Dienstpersonal seit dem Jahre 1815 unverändert, nach wie vor 1 Mk., welche indeß erst nach erlangter Stellung zu zahlen ist. Täglich Vormittags von 8 bis 1 Uhr, größte Auswahl von männlichem Dienstpersonal.

Reklame für weibliches und männliches Gesinde durch ein Berliner Vermietungs-Kontor, das seit 1815 florierte und vor allem von auswärtigen Bewerbern frequentiert wurde

M 2

Dienstmädchen um 1900

M 3

Meist trafen sich die Dienstmädchen mit Soldaten in den vielen Tanzsälen der Großstädte. Die Vorliebe fürs Militär war sprichwörtlich.

M 4

Das meiste läuft inkognito

Die Nöte der Mütter und die Sorgen der Neu-Eltern bei Adoptionen

KREIS TÜBINGEN (mm). Der junge Mann, der sich bei der Adoptionsvermittlung meldete, hatte schon die komplette Adresse seiner Mutter aufgespürt. Doch als die Vermittlerin vom Landratsamt dort anrief, bekam sie einen Korb: Mit ihrem leiblichen Sohn, den sie vor vielen Jahren zur Adoption freigegeben hatte, traute sich die Frau nicht zu reden.

Andere Mütter, die Kinder adoptieren ließen, empfinden ähnlich: Zu mehr als drei, vier Anrufen bei der Adoptionsstelle („Wie geht's dem Kind?") kommt es kaum im Jahr. Ruth Kühnle kennt die Ängste, die Frauen davor zurückschrecken lassen, mit den Kindern, die sie nur kurz nach der Geburt gesehen haben, Jahrzehnte später Kontakt zu knüpfen. „Noch immer ist die Freigabe eines Kindes was ganz Schwieriges." Wo's publik wird, droht den Frauen „ein regelrechter Spießrutenlauf": „Freigebende Mütter werden moralisch verurteilt." Geplagt von Schuldgefühlen, meiden sie die weggegebenen Kinder. Kühnle muss den erwachsenen Adoptierten, die das Landratsamt auf der Suche nach ihrem Ursprung um Hilfe bitten, immer wieder sagen: „Wir können nur helfen, wenn wir das Einverständnis aller Beteiligter haben" [...].

Im Kreis Tübingen sind die allermeisten Mütter und Neu-Eltern noch immer für die „Inkognito-Adoption". Manchmal werden Fotos, Briefe oder dürre Berichte übers Landratsamt ausgetauscht – das war's. Dass sich die meisten Adoptionsbewerber aus dem Kreis (gehobene Mittelschichtler zumeist) Neugeborene, Babys oder – seltener – Vorschulkinder für die eigene Familienbildung wünschen, passt dazu. Ruth Kühnles Eindruck: „Es sind ganz wenige, die sich vorstellen könnten, ein älteres Kind bei sich aufzunehmen." Die bundesweit geltende Richtlinie, dass die neuen Eltern (Mindestalter: 25) „nicht mehr als 35 Jahre älter sein" dürfen als das zu vermittelnde Kind, zwingt manches Paar zum Umdenken. Das älteste in Kühnles Amtszeit von fremden Eltern adoptierte Kind war ein achtjähriges Mädchen.

Hat eine werdende Mutter in ihren Nöten der Adoptionsstelle erklärt, dass sie ihr Kind weggeben will (und sich davon auch durch alle Ratschläge quer durch „die Bandbreite anderer Möglichkeiten" nicht abbringen lassen), informiert die Adoptionsvermittlerin ein geeignet scheinendes Bewerberpaar. Alter, Einkommens- und Wohnverhältnisse müssen passen. Paare ohne Kind haben Vorrang vor Familien, die schon Kinder haben. Nach der Geburt begleitet Ruth Kühnle die Adoptiveltern in die Klinik, organisiert ein Gespräch mit dem Kinderarzt und ist dabei, wenn die Eltern in spe das Kind zu sich nach Hause holen.

„Dann heißt's warten und durchhalten: Schafft die Mutter den Weg zum Notar?" Die leiblichen Eltern müssen rechtswirksam die Freigabe des Kindes erklären. Das ist frühestens acht Wochen nach der Geburt möglich. Manche zuerst forsch wirkende Mutter habe da schon zurückgezuckt.

Kommt es zur Freigabe, folgt bei Babys die rund ein Jahr dauernde „Adoptionspflegezeit". Bei älteren Kindern dauert die „Anbahnungsphase" in der neuen (Pflege-)Familie länger. Das Kreisjugendamt übernimmt die Vormundschaft. Der Vormund vertritt das Kind im Adoptionsverfahren und muss am Ende seine Einwilligung erklären. Auf Antrag der neuen Eltern entscheidet das Vormundschaftsgericht unwiderruflich – wenn die Einwilligung von Mutter und Vater und ein positiver Bericht der Vermittlerin vorliegt und alles stimmt. Das adoptierte Kind hat nun den gleichen Rechtsstatus wie ein gemeinsames Kind der neuen Eltern. „Die Verbindung zur Ursprungsfamilie ist damit total gekappt" – offizielles Ende des Auftrags einer Adoptionsvermittlerin.

Für die neuen Eltern fängt eine Sorge damit erst an: Mit der Adoption haben sie verbindlich die Aufgabe übernommen, ihrem Kind zu sagen, woher es wirklich stammt. Konflikte und Krisen sind absehbar. Ruth Kühnle weiß, wie das manche Adoptiveltern schlaucht: „Das ist eine herbe Arbeit."

Schwäbisches Tagblatt, 24. Januar 1994

M 5

7. Mai	Gerhart Erasmus schreit aus vollem Halse. [Zu] Es ist nichts kleines an Glück und Zukunft.
9. Mai.	Gerhart Erasmus heut Nacht 1 Uhr gestorben. „und heut? und heut? Das Nest ist leer und […?] ist doch hundert mal so schwer!“
10. Mai	Die Seele, selbst der vollkommen glücklich liebenden Frau wird auf die Dauer nicht erfüllt durch den Mann Auch nicht durch das erwachsene Kind. Ganz erfüllt, ganz reich, wird sie nur durch neue Mutterschaft und durch d[as]en Säugling, der zum Baby heranwächst und so fort. Das erst macht ihre Seele voll lebensfähig: sonst ist sie gewissermaßen verarmt. Es kann sein, dass sie selbst nicht weiß, wie verarmt sie ist. Sie fühlt es im neuen Wochenbett, wie verarmt sie war. Sie behält das Bewusstsein davon lange, wenn Missgeschick ihr den Säugling wieder entreißt. In manchen Frauen schläft die Mutter. Sie müsste in allen erwacht sein. Die Mutter-aufgabe ist furchtbar, ist gefahrvoll und reich! Die Mutter ist mit Seele und Leib immer um den Quellpunkt des Lebens beschäftigt. [und um ein] Um ein Eingangstor und ein Ausgangstor. Mutter ist eine Mutter im vollen Sinne bis zum 10. Jahre ihrer Kinder
11. Mai	Gestern Gerhart Erasmus begraben. Wilm und Frau, Fritjoft und Benvenuto und im guten Geleit Dietrich und Totengräber versenkten den Sarg. Heut bricht der Frühling voll sommerlich, ein. Wasserrauschen, eine fast erschlaffende Sonnenwärme. Soeben 9 1/4 Uhr <u>der erste Kuckuck</u>: Grethe weint. Sie erfährt von mir gestriges Begräbnis. Sie wünschte Härchen des Kleinen. Sie sagt: er fehlt mir überall. Ja, du fehlst uns. Das Haus, jeder Ziegel, jeder Baum, jeder Grashalm im Garten solln sich für uns erneuern, in Dir. Du kleiner, ahnungsloser Hausbegründer, neues Hausfundament. Wie belanglos ist das meiste, wenn Mutterliebe aus den Urtiefen frisch hervorbricht. Herrlicher Mutterinstinkt.
Abend.	Grethe sagt, mit Bezug a[uf] d[as] Kind. Man sucht es immer. Man will ihm irgend etwas abbitten. Es um Verzeihung bitten. Sie spricht über die Richtigkeit des Wortes: in der Hoffnung sein. Jetzt verstünde sie es nach dem Verlust des Kindes und der Hoffnung. Ich sage: Du kannst ein neues Kind bekommen. „Das ist nicht das!“ sagt sie. Es gibt keinen Ersatz. Sie hat es ja auch 8 Monate lebend besessen: es hatte sich bewegt. Existiert. Es starb an der Welt.
14. Juli Agn[etendorf]	Grethens Traum. Sie ist immer tief beschäftigt. Sie geht in den Garten. Sieht Kinderwagen stehen. Nanu, sagt sie, ich denke das Kind ist tot. Wir haben es in die Sonne gestellt, sagt Frau Luchte und Schwester Emmy (die noch da ist). In der Sonne hat […?] es wieder zu atmen angefangen, ist wieder lebendig geworden. – Es richtet sich auf und hat dieselben graublauen Augen, wie ich sel[b]st [381] in jenem Traum vom 13. Mai. „Diese Augen“, sagt Grethe, „sahen wohin, wohin ich nicht sehen konnte. Genau so wie du damals im Traum“ – Ich ging hin und da legte sich das Kind wieder, das weiße Strümpfchen an hatte, und war ganz kalt, und ich schrie nach Wärmflaschen.

Gerhart Hauptmann: Tagebücher 1906–1913. Frankfurt/Main 1994, S. 258 ff.

M 6

Die Mutterliebe

Die Entwicklung der weiblichen Einstellungen zur Mutterschaft können wir aus zweierlei Arten von Unterlagen ablesen: Umfragen und Selbstzeugnisse, in denen ein tief greifender Wandel der Auffassungen sichtbar wird. Die neuen Einstellungen sind zwar nur bei einer Minderheit zu beobachten, doch ist diese so aktiv und emanzipiert, dass man sie ernst nehmen muss. Das Neue ist nicht so sehr, dass ein gewisser Überdruss an der Mutterschaft geäußert wird, dass Enttäuschung und Entfremdung laut werden, das Neue ist vielmehr, wie es gesagt wird. Die Frauen äußern sich heute ohne Schuldgefühle, aber nicht ohne eine gewisse Bitterkeit.

„Die Kinder, das ist schwer, das frisst einem das Leben auf."

„Es gibt Tage, wo man viel dafür gäbe, dass sie nicht da sind; man könnte sie alle umbringen."

„Jahrelang habe ich nur aus Pflichtgefühl gelebt, so dass ich nicht einmal mehr wusste, was mir Spaß machte. Für sich zu leben, das muss toll sein."

„Sie saugen mich aus; es gibt Tage, da hängt es mir zum Hals raus, da möchte ich mit mir allein sein."

„An manchen Tagen bin ich dermaßen erschöpft, dermaßen mit meinen Nerven am Ende, dass ich sie nur deshalb nicht schlage, weil ich weiß, dass sich dadurch nichts ändern würde, dass es noch schlimmer wäre."

„Eine Mutter ist eine Milchkuh, die man ununterbrochen melkt bis zur Erschöpfung."

All diese aus dem Leben gegriffenen Zeugnisse sprechen von der Enttäuschung, der Erschöpfung und dem Verzicht, den die Mutterschaft für manche Frauen bedeutet.

Am auffälligsten ist jedoch die Bitterkeit und der Wunsch nach Rache, die aus diesen Worten sprechen und die wahrscheinlich dreißig Jahre zuvor nicht hätten geäußert werden können. Diese Frauen machen einfach Schluss mit dem traditionellen Bild der Mutter und erklären, dass sie darauf nicht noch einmal hereinfallen werden. Sie sagen, ihre Erfahrung als Mutter habe ihr Leben als Frau verdorben, und wenn sie es vorher gewusst hätten, dann …

Neben denjenigen, die sich damit begnügen, das Scheitern ihrer Erfahrung als Mutter festzustellen, sind andere Feministinnen daran gegangen, den Mythos von der natürlichen Mutterschaft zu zerstören. Sie haben den Begriff des Mutterinstinkts in Frage gestellt: „Gibt es einen Mutterinstinkt, oder gibt es in den Beziehungen zwischen Mutter und Kind nicht nur jene Gefühle, die wir auch anderswo finden, Liebe, Hass, Gleichgültigkeit, jeweils in unterschiedlicher Dosierung? … Gibt es den Mutterinstinkt, oder ist das ein großer Witz? Ein großer Witz, der den Frauen beibringen soll, dass sie die ‚Drecksarbeit' zu machen haben, nämlich immer dasselbe machen, ohne dass man ihnen etwas abnimmt, endlos, immer den Boden wischen, den die Gören dreckig gemacht haben, immer die Gören füttern?"

Was ist das für ein Instinkt, der sich bei manchen Frauen zeigt und bei anderen nicht? „Von sechs Millionen Frauen, die Kinder haben können, ist ein Teil unverheiratet, ein Teil ist verheiratet, lehnt aber die Mutterschaft ab. Außerdem gibt es zwischen 500 000 und einer Million (?) Abtreibungen pro Jahr."

Wäre es nicht besser, statt von einem Instinkt von einem unwahrscheinlichen sozialen Druck zu sprechen, der den Frauen einreden will, sie könnten sich nur in der Mutterschaft verwirklichen? B. Marbeau-Cleirens hat das sehr gut ausgedrückt: „Aus der Tatsache, dass die Frau Mutter sein kann, hat man nicht nur abgeleitet, dass sie Mutter sein sollte, sondern auch, dass sie nichts als Mutter sein sollte und nur in der Mutterschaft das Glück finden könne."

Wie kann man wissen, ob der legitime Wunsch, Mutter zu sein, nicht ein teilweise entfremdeter Wunsch ist, eine Reaktion auf gesellschaftliche Zwänge (unverheiratet zu sein und nicht Mutter zu sein wird bestraft, als Mutter genießt die Frau soziale Anerkennung)? Wie kann man sichergehen, dass dieser Wunsch, Mutter zu sein, nicht Kompensation für unterschiedliche Frustrationen ist?

In Wirklichkeit, sagen die einen wie die anderen, sei die Mutterschaft ein doppelköpfiges Ungeheuer (Fortpflanzung und Fürsorge), dessen patriarchalische Strategie darauf ziele, Verwirrung zu stiften. Sie sei der Angelpunkt der Unterdrückung der Frau. Denn „die Spezialisierung der Frau auf diese Mutterfunktion ist die Ursache und das Ziel der Schikanen, die sie im ganzen sozialen Leben zu erdulden hat … Erst werden die Frauen in der Mutterschaft mobilisiert, damit man sie besser immobilisieren kann."

Für all diese Frauen ist die Mutterschaft, wie sie seit Jahrhunderten erlebt wird, nur der Ort der weiblichen Entfremdung und Sklaverei. Sie fordern daher das uneingeschränkte Recht, kein Kind zu haben, und sie proklamieren die Forderung, dass „Fortpflanzung und alleinige Sorge für das Kind seitens der Frauen voneinander getrennt werden, denn nur

unter dieser Bedingung gibt es in der Mutterschaft eine freie Wahl." [...]
Angesichts des Wandels in der Einstellung der Mütter gelangt man zu der Überzeugung, dass der Mutterinstinkt ein Mythos ist. Auf ein allgemein gültiges und naturnotwendiges Verhalten der Mutter sind wir nicht gestoßen. Wir haben im Gegenteil festgestellt, dass ihre Gefühle in Abhängigkeit von ihrer Bildung, ihren Ambitionen oder ihren Frustrationen äußerst wandlungsfähig sind. Man kommt deshalb nicht an der vielleicht grausamen Schlussfolgerung vorbei, dass die Mutterliebe nur ein Gefühl und als solches wesentlich von den Umständen abhängig ist. Dieses Gefühl kann vorhanden sein oder auch nicht vorhanden sein, es kann auftreten und verschwinden. Es kann sich als stark oder als schwach erweisen. Es kann ein Kind bevorzugen oder sich auf alle erstrecken. Das hängt ganz von der Mutter, von ihrer Geschichte und von *der* Geschichte ab. Nein, es gibt in dieser Hinsicht kein universales Gesetz, das eine Ausnahme vom Determinismus der Natur machen würde. Die Mutterliebe gehört nicht wie selbstverständlich dazu, sie „geht extra".
Wollte man die Intensität dieser Liebe, so wie sie sich über vier Jahrhunderte hinweg in Frankreich darstellt, graphisch veranschaulichen, so ergäbe sich eine Sinuswelle mit Höhepunkten vor dem 17. Jahrhundert, im 19. und im 20. Jahrhundert und Tiefpunkten im 17. und 18. Jahrhundert. Wahrscheinlich würde die Kurve ab 1960 wieder absinken, weil das klassische mütterliche Gefühl seither in einem gewissen Maße zurückgeht, und gleichzeitig würde eine neue „Liebeskurve" einsetzen: die der väterlichen Liebe. Offenbar ist die Mutterliebe nicht mehr allein Sache der Frauen. Die neuen Väter tun es den Müttern gleich und lieben wie diese ihre Kinder. Das scheint darauf hinzudeuten, dass die Mutterliebe ebenso wie die väterliche Liebe nichts Spezifisches mehr ist.

Elisabeth Badinter: Die Mutterliebe. Geschichte eines Gefühls vom 17. Jahrhundert bis heute. München 1992, S. 286–288; S. 297.

M 7 Adoption im 19. Jahrhundert

Für alle deutschen Länder schafft das Bürgerliche Gesetzbuch 1896 eine einheitliche Regelung der Adoption, der „Annahme an Kindes Statt". Dabei steht noch nicht das Interesse des Kindes im Vordergrund, sondern – ähnlich wie in der Antike – das Interesse kinderloser Ehepaare an eigenen Nachkommen und Erben. Es braucht noch einige Jahre und zahlreiche Gesetzesreformen, bis die Adoption zu einer Einrichtung wurde, die in erster Linie für Kinder da war, für elternlose und vor allem für unehelich geborene.
Im 19. Jahrhundert war die glückliche Kleinfamilie zu einem Lebensideal geworden, das keine Alternativen neben sich duldete, schon gar keine „gefallenen Mädchen", die kleine „Bastarde" zur Welt brachten. Eine alleinstehende Mutter zählte zu den Aussätzigen der Gesellschaft. Noch bis zum Ersten Weltkrieg wurde ihr das Neugeborene häufig gleich nach der Geburt weggenommen, selbst wenn sie sich in der Lage sah, es selbst großzuziehen. Die elterliche Gewalt stand ihr nicht zu.
Doch auf die Dauer wurde dem Staat die bezahlte Unterbringung zu teuer. Außerdem zeigte eine alarmierend hohe Säuglingssterblichkeit, daß es den Babys in den Heimen und Pflegestellen nicht gut erging. Fast 34 Prozent der unehelichen Neugeborenen starben im Jahre 1901 bald nach der Geburt. Vor diesem Hintergrund entwickelt sich nach und nach die Adoption zu einer Alternative.
Warum gaben Frauen in den ersten Jahrzehnten unseres Jahrhunderts ihre Kinder weg? Die Hamburger Wissenschaftlerin Ilse Gordon faßte 1930 die Ergebnisse mehrerer Untersuchungen zusammen: „Sie stellen alle übereinstimmend fest, daß die Kindesmütter sich in der Mehrzahl der Fälle in abhängiger sozialer Stellung befinden, daß sie wirtschaftlich schlecht gestellt sind, dazu oft sehr jung und unerfahren... Es fehlt ihnen fast immer weniger an gutem Willen als an Mitteln dazu, das Kind zu ernähren... Von ihren Eltern, die gesetzlich dazu verpflichtet wären, können die unehelichen Mütter nur selten Hilfe für ihr Kind erlangen; oftmals werden sie wegen ihrer Mutterschaft verstoßen... Ein Teil der unehelichen Mütter ist selbst unehelich geboren.
Aus den unglücklichen wirtschaftlichen Verhältnissen, aus der Not und Unmöglichkeit, ihr Kind zu erhalten, wozu auch heute noch der ‚Makel der unehelichen Geburt' kommt, da sie doch nur Lasten und keine Freuden von ihrem Kinde erwarten kann, faßt manche uneheliche Mutter den Entschluß, ihr Kind für immer fortzugeben, um sich und dem Kinde zu helfen."

Ursel Sieber/Sabine Stamer: Rabenmütter? Von Frauen, die ihr Kind weggeben. , S. 181 f.

M 1

Dialoganalyse (II. Akt, S. 41, Z. 17 – S. 47, Z. 8)

Textstellen	sprachliche Mittel	nichtsprachliche Mittel / Regieangaben	Strategien
Phase I			
S. 41, Z. 17	Frage	räumliche Trennung von Frau John und Kind auf der einen, Pauline auf der anderen Seite	Ausgangssituation entspricht den Vorstellungen von Frau John
Z. 19	Frage; Feststellung		Vorgebliches Nichtwissen: Zusammentreffen mit Zeugen soll verhindert werden
Z. 21–22	Nachfrage		Versuch, Zeit zu gewinnen
Z. 24–29	doppelte Frage	mögliche Zeugen werden entfernt	Versuch, sich dumm zu stellen
Z. 33	Parallelismen: Fragewiederholung / Aufgreifen der Worte Paulines		Permanente Verunsicherung
Z. 36–37	Parallelismen: Fragewiederholung / Aufgreifen der Worte Paulines		Permanente Verunsicherung
Z. 39	Parallelismen: Fragewiederholung / Aufgreifen der Worte Paulines		Permanente Verunsicherung
S. 42, Z. 2–4	Beleidigung; Vulgärvokabular		Verächtlich machen von Pauline; Aufbau der sozialen Hierarchie Einheimische / Ausländer
Z. 7	Fragewiederholung		Permanente Verunsicherung
Z. 9–13	brutale Androhung von Gewalt; versuchter Rauswurf von Pauline	Ohrfeige; Anwendung körperlicher Gewalt	Zuspitzung der Einschüchterung, um Pauline zur Aufgabe ihres Kinderwunsches zu nötigen

Textstellen	sprachliche Mittel	nichtsprachliche Mittel / Regieangaben	Strategien
Phase II			
S. 42, Z. 18–23	Bitten, Fragen nach alternativem Vorgehen; wiederholte Anrede mit dem Vornamen	„vollkommen umgewandelt“; Umarmung Paulines	plötzlicher Umschlag im Verhalten aus Angst vor einer Anzeige; die Drohung Paulines wirkt
Z. 27–28	Aufforderung zu körperlicher Gewalt als Ausgleich	Selbstauslieferung	Versuch, dem Opfer Genugtuung anzubieten, um es vom eigentlichen Ziel abzubringen
Z. 30–32	direkte persönliche Anrede „Mächen“		Versuch, dem Opfer Genugtuung anzubieten, um es vom eigentlichen Ziel abzubringen
Z. 39 – S. 43, Z. 2	Kaffee trinken als Mittel konventioneller bürgerlicher Kommunikation	Selbstverletzung	Anbiederung mit offensichtlichem Erfolg
S. 43, Z. 6–15	Vorgebliche Freude über den Besuch Paulines; Verweis auf die eigene Jugend und eigene Charakterschwächen		gibt sich mütterlich, hat scheinbar für Paulines Sorgen ein offenes Ohr, versucht einen Neuanfang
Z. 19, 23	vorgespielte Unkenntnis über die Bedeutung des Geldes		Versuch zu mauern: Geld soll keine Rolle gespielt haben
Z. 29–34	Aufbau einer familiären Beziehung	Verteilen von Alkohol und Kuchen	Versuch, Zeit zu gewinnen, Pauline einzuwickeln
Z. 37–40	Einladung zu Essen und Trinken		Versuch, Zeit zu gewinnen, Pauline einzuwickeln
S. 44, Z. 2	Doppelte Frage, Aufgreifen der Worte Paulines		Sie versucht, sich wie zu Beginn dumm zu stellen
Phase III			
Z. 5–12		Umkehrung der Haltung: von „kriechender Freundlichkeit“ zu „namenlose(m) Hass“; emotionale Aufgewühltheit wird durch den „heftig(en)“ Umgang mit Gegenständen deutlich	Nachdem alle Freundlichkeit gescheitert ist, wirft sie das Ruder wieder herum

Textstellen	sprachliche Mittel	nichtsprachliche Mittel / Regieangaben	Strategien
S. 44, Z. 13–15	Einwortsätze; Wiederholungen; gehässiges Nachfragen		Anschuldigung/Mordvorwurf
Z. 17	Frage; Statement		Einschüchterung: Drohung mit Anzeige
Z. 26 – S. 45, Z. 10	Monolog: Parallele Satzstrukturen; Aufzählung von Fakten; Parenthese; Aufnahme der Vorwürfe Paulines mit gegensätzlicher Wertung	hämisches Echo	Behauptung, sie habe alles uneigennützig für Pauline getan; Umkehrung der Vorwürfe Paulines
Z. 13–16	aggressive, irrationale Aufforderung	„Schreit“: kann sich nicht mehr zurückhalten, die emotionale Aufgewühltheit wird erneut durch den Umgang mit Gegenständen deutlich	Hilflosigkeit: sie ist mit ihren verbalen Strategien am Ende
Z. 19–20	Wiederholung der Aufforderung		Versuch, Pauline die Aussichtslosigkeit ihres Wunsches verständlich zu machen und sie los zu werden
Phase IV			
Z. 26–27	Ausrede	„einlenkend“	erneuter Strategiewechsel: sie versucht, Ausflüchte zu finden
Z. 33–35		„fast von Sinnen“; verstellt Pauline den Weg	Nachdem die Ausrede durch das Kind selbst widerlegt ist, verteidigt sie sich immer noch wütend
Z. 38–S. 46, Z. 7	elliptische Sätze, Paranthesen: Morddrohung	„furchtbar verändert“	zu grausamer Konsequenz entschlossen
S. 46, Z. 10–16	macht Vorschläge, stellt rhetorische Fragen	„wiederum einlenkend“	sieht den Weg greifbar nahe, wird milder
Z. 31–32	Rückfrage 1	„starr, entgeistert“	Sie bemerkt blitzartig, dass Paulines Angaben auf dem Standesamt die eigenen Pläne zunichte machen; Verschwiegenheit gilt nicht mehr
Z. 35	Rückfrage 2		hastige Fragen, um zu erkennen, welche Maßnahmen bereits eingeleitet sind;
S. 47, Z. 1–2	Rückfrage 3		

Textstellen	sprachliche Mittel	nichtsprachliche Mittel / Regieangaben	Strategien
Z. 6	Rückfrage 4		sie denkt nach;
Z. 8	Rückfrage 5		sie argumentiert;
Z. 11	Vorwurf		
Z. 14	Rückfrage 6		
Z. 17	Rückfrage 7		sie rechnet nach, sucht nach Alternativen
Z. 22–24	Wortwiederholung	„abwesend“	sie resigniert
Z. 27	Vertröstung		versucht, die Entlarvung zu verschieben
Z. 29–30	Begründung		will noch einmal Zeit gewinnen
Z. 47 – S. 48, Z. 8	Bestätigung „Jut so“	schiebt Pauline zur Tür hinaus; „im Tone der Abwesenheit“; „der hilflose Ausdruck schwerer Bewusstlosigkeit“	sie erkennt die Ausweglosigkeit ihrer Situation, hört auf zu kämpfen: alle rationalen Strategien sind gescheitert, sie ist unfähig, ihre tiefsten Wünsche zu realisieren.

Zusammenfassung:

1. Von kalter Abweisung über brutale Drohung, mütterliche Wärme, beflissene Freundlichkeit bis zu hastiger Unterordnung reicht das Repertoire der Gesprächsstrategien von Frau John.
2. Mehr als die direkten Aussagen geben jedoch die Regieanweisungen Auskunft über die emotionalen Konflikte der Personen: erst durch den Kontrast von verhüllender Rede und entlarvender Gebärde gewinnt ihr Verhalten für den Zuschauer an Suggestionskraft.
3. Regieanweisungen offenbaren die Kollision zwischen Bewusstsein und Unterbewusstsein, die Divergenz zwischen sprachlicher Kommunikation und der psychischen Wirklichkeit der Personen.
4. Was sich in der Sprache als eigene Aussage, Intention oder Motivation ausgibt, steht nicht in Einklang mit dem eigentlichen Wollen.
5. Eine eigentliche Kommunikation wird unmöglich: so beziehungslos wie die Sätze bleibt auch das Verhältnis der Gesprächspartner zueinander; Intentionen lassen sich nicht im Gespräch darstellen, es wird fast nur noch eine äußerliche akustische Beziehung erkennbar.
6. Zur Kommunikation taugt allenfalls, was unterhalb der Worte als Subtext der Mitteilung dient. Widerspricht die aufgesetzte verbale Intention dem unbewussten Antrieb, lässt die Kollision zwischen Bewusstsein und Unterbewusstsein die Personen auseinander brechen.
7. Personen, die ihre Probleme nicht mehr in sprachliche Form bringen können, bleiben auf Worthülsen reduziert.
8. Was hier für Henriette John analysiert wurde, gilt in ähnlicher Weise für Direktor Hassenreuter, dessen Bildungsjargon sich aus Zitaten, stehenden Redewendungen, konventionellen Floskeln rekrutiert: vorgestanzten Sprachformeln, Klischees bürgerlicher Moral und Verhaltensweisen.

M 2

Salomos Urteil

Zu der Zeit kamen zwei Huren zum König und traten vor ihn. Und die eine Frau sprach: Ach, mein Herr, ich und diese Frau wohnten in *einem* Hause, und ich gebar bei ihr im Hause. Und drei Tage, nachdem ich geboren hatte, gebar auch sie. Und wir waren beieinander, und kein Fremder war mit uns im Hause, nur wir beide. Und der Sohn dieser Frau starb in der Nacht; denn sie hatte ihn im Schlaf erdrückt. Und sie stand in der Nacht auf und nahm meinen Sohn von meiner Seite, als deine Magd schlief, und legte ihn in ihren Arm, und ihren toten Sohn legte sie in meinen Arm. Und als ich des Morgens aufstand, um meinen Sohn zu stillen, siehe, da war er tot. Aber am Morgen sah ich ihn genau an, und siehe, es war nicht mein Sohn, den ich geboren hatte. Die andere Frau sprach: Nein, mein Sohn lebt, doch dein Sohn ist tot. Jene aber sprach: Nein, dein Sohn ist tot, doch mein Sohn lebt. Und so redeten sie vor dem König. Und der König sprach: diese spricht: Mein Sohn lebt, doch dein Sohn ist tot. Jene spricht: Nein, dein Sohn ist tot, doch mein Sohn lebt. Und der König sprach: Holt mir ein Schwert! Und als das Schwert vor den König gebracht wurde, sprach der König: Teilt das lebendige Kind in zwei Teile und gebt dieser die Hälfte und jener die Hälfte. Da sagte die Frau, deren Sohn lebte, zum König – denn ihr mütterliches Herz entbrannte in Liebe für ihren Sohn – und sprach: Ach, mein Herr, gebt ihr das Kind lebendig und tötet es nicht! Jene aber sprach: Es sei weder mein noch dein; lasst es teilen! Da antwortete der König und sprach: Gebt dieser das Kind lebendig und tötet es nicht; die ist seine Mutter. Und ganz Israel hörte von dem Urteil, das der König gefällt hatte, und sie fürchteten den König; denn sie sahen, dass die Weisheit Gottes in ihm war, Gericht zu halten.

I. Buch der Könige, 3. Kapitel, 16–28

M 1

Damenmode der siebziger und achtziger Jahre, so genannte Visitentoiletten mit der Ausstaffierung des Hinterteils als „cul de Paris".

M 2

Im Pferdeomnibus um 1900

M 3

Frauenrollen (TA)

Frau Knobbe (S. 71, Z. 16 – S. 73, Z. 8)

Schicksal:	Sie ist ihrer Lust nach Vergnügen und ihrer Leidenschaft gefolgt, hat Männer verführt und ist selbst verführt worden.
Konsequenz:	Sie wird von Kirche, Adel und bürgerlicher Gesellschaft diskriminiert.
Eigenes Verhalten:	Sie hält sich mit Drogen aufrecht.

Pauline Piperkarcka (S. 5, Z. 24 – S. 6, Z. 39 und S. 8, Z. 21 – S. 9, Z. 13)

Schicksal:	Sie hat sich mit einem Instrumentenmacher eingelassen, der sie verlässt, nachdem er sie geschwängert hat.
Konsequenzen:	Die Eltern verstoßen sie, die Wohnstelle wird ihr gekündigt.
Eigenes Verhalten:	Sie ist von der Situation hoffnungslos überwältigt, will sich ohne logisches Kalkül zur Wehr setzen.

Walburga Hassenreuter (S. 82, Z. 3 – S. 84, Z. 37)

Schicksal:	Sie ist Publikum für Spitta, reagiert entzückt, berauscht von seinen Worten. Ihre eigene Rede lässt die rhetorische Schule des Vaters erkennen (sie setzt Anapher, Asyndeton, emphatische Klimax als Stilmittel ein, obwohl sie „in großer Eile und sehr aufgeregt“ die Szene betritt). Sie ist aber auch pragmatisch ausgerichtet, erkennt die finanzielle Notlage Spittas und gibt ihm ihr Portemonnee.
Konsequenzen:	Die Eltern wollen von der Beziehung zu dem wenig begabten Schauspieler mit abgebrochenem Theologiestudium nichts wissen; der Vater schlägt sie. Das Problem löst sich durch die Theaterleitung des Vaters in Straßburg. Walburga und Spittas ziehen mit (angedeutet wird eine künftige Annäherung ihrer Positionen).
Eigenes Verhalten:	Sie ordnet sich ihrem Verlobten unter, hat aber wohl als pragmatisch denkende Wirtschafterin die Dominanz im Heim.

Frau Hassenreuter (S. 97, Z. 8 – S. 98, Z. 20 und S. 108, Z. 39 – S. 109, Z. 8)

Schicksal:	Sie ist der Typus der gutmütigen, lebensklugen, ausgleichenden Familienmutter, die dem Temperament und den Affären ihres Mannes Geduld und unerschütterliche Ruhe entgegensetzt.
Konsequenzen:	Sie wird von ihrem Mann betrogen, von der Tochter unter Druck gesetzt.
Eigenes Verhalten:	Sie hat die Rollenverhältnisse akzeptiert und versucht aus dem Hintergrund, der gefährdeten familiären Integrität entgegenzutreten.

Frau John (S. 27, Z. 20 – S. 29, Z. 7 und S. 110, Z. 15 – S. 111, Z. 19)

Schicksal:	Sie dominiert das Alltagsgeschehen im Haushalt (der Ehemann ist meist abwesend), sagt, was in der Wohnung getan werden darf und was nicht; gibt an, was ihr Mann zu sagen hat.
Konsequenzen:	In einer Extremsituation ist er jedoch derjenige, der bestimmt und sie, weil er sich in seiner biederen Redlichkeit verletzt sieht, kalt verlässt.
Eigenes Verhalten:	Ihr bleibt nur noch ein Verzweiflungsausbruch, in dem sie ihren Mann bloßstellt. Letztlich stellt das aber nur die Vorstufe für den eigenen Untergang dar.

M 4

Dass besonders Dienstmädchen, nachdem sie der Verführung ihrer *Dienstherren* zum Opfer fielen, ein großes Kontingent zu den Prostituierten stellen, ist bekannt. Über die auffällig große Zahl der Verführungen von Dienstmädchen durch ihre *Dienstherren* oder deren Söhne äußert sich sehr anklagend Dr. Max Taube in einer Schrift. Aber auch die höheren Klassen liefern ihr Kontingent zur Prostitution, nur ist es nicht die Not, sondern Verführung und Neigung zu einem leichtfertigen Leben, zu Putz und Vergnügungen. Darüber heißt es in einer Schrift „Die gefallenen Mädchen und die Sittenpolizei": „Starr vor Schreck, vor Entsetzen, hört so mancher brave Bürger, so mancher Pastor, Lehrer, hoch gestellte Beamte und hoch gestellte Militär unter anderem, dass seine Tochter heimlich sich der Prostitution ergeben hat, und *wäre es statthaft, alle diese Töchter namhaft zu machen, es müsste dann entweder eine soziale Revolution vor sich gehen, oder die Begriffe von Ehre und Tugend im Volke würden schweren Schaden leiden.*"
Es sind namentlich die feineren Prostituierten, die Hautevolee unter ihnen, die sich aus diesen Kreisen rekrutieren. […]

August Bebel: Die Frau und der Sozialismus. Hannover 1974, S. 166

M 5

Dieselben Männer, die auf dem einen Gebiet zu den vorurteilslosesten gehören und eine geringe Meinung von jenen besitzen, die gleich ihnen nicht frei denken, sind auf anderen Gebieten, sobald es sich um ihr Standes- oder Klasseninteresse, um ihre Eitelkeit oder Eigenliebe handelt, beschränkt bis zur Borniertheit und gegnerisch gesinnt bis zum Fanatismus. Die höhere Männerwelt urteilt absprechend über die niedere und ähnlich fast die gesamte Männerwelt über die Frauen. Die Männer sehen in ihrer großen Mehrzahl in den Frauen nichts als Mittel zu ihrem Nutzen und Vergnügen, sie als *Gleichberechtigte* anzusehen, widerstrebt ihrem Vorurteil. Die Frau soll demütig und bescheiden sein, sie soll sich auf das Haus beschränken und alles übrige dem „Herrn der Schöpfung" als Domäne überlassen. Die Frau soll ihren Gedanken und Neigungen jeden denkbaren Zügel anlegen und abwarten, was ihre irdische Vorsehung, der Vater oder Gatte, über sie beschließt. Je mehr sie allen diesen Forderungen nachkommt, um so „vernünftiger, sittsamer und tugendhafter" wird sie gepriesen, mag sie als Folge ihrer Zwangsstellung unter der Last physischer und moralischer Leiden zugrunde gehen. Spricht man aber von *der Gleichheit aller Menschen*, dann ist es ein Unding, davon die Hälfte des Menschengeschlechts ausschließen zu wollen.

August Bebel: Die Frau und der Sozialismus. Hannover 1974, S. 200

M 6

Böse Mädchen kommen überall hin –
auch in den Himmel … auf Erden!

Aufmüpfige Mädchen sind keine neue Erscheinung der heutigen Zeit.
Schon Florence Nightingale, die Begründerin der ersten Krankenpflegeschulen, gehörte auf ihre Art dazu. Sie verweigerte den Eltern den Gehorsam, sie schlug eine „aussichtsreiche" Heirat aus und nahm einen heftigen und langanhaltenden Streit in Kauf. Zwar litt sie unter dem Kummer, den sie ihrer Mutter damit machte, aber sie setzte sich durch: „Wenn man mit Flügeln geboren wird, sollte man alles dazu tun, sie zum Fliegen zu benutzen."
Doch auch die ganz normale Frau, „die Frau von nebenan", zeigt zunehmend Biß und Siegeswillen. Unter den Personen, die sich für Selbständigkeit entscheiden, wächst kontinuierlich der Anteil der Frauen. Der Prozentsatz berufstätiger Frauen wächst, der Anteil der Mütter, die nach Schwangerschaft relativ schnell wieder ins Berufsleben zurückkehren, steigt, und mehr Frauen als Männer beantragen die Scheidung.
Was ist diesen Frauen gemeinsam:
Sie verletzen Regeln.
Sie stellen eigene Regeln auf.
Sie stellen unmißverständliche Forderungen.
Sie sagen klipp und klar NEIN.
Sie lassen sich von niemandem verunsichern.
Sie haben eine Vision ihres persönlichen Wegs.
Sie denken groß, nicht klein(kariert).
Sie verschaffen sich Erfolgserlebnisse.
Sie wollen nicht um jeden Preis gefallen.
Sie haben keine Angst vor Kritik.
Sie lassen sich nicht mundtot machen.
Sie akzeptieren: Ohne Risiko gibt es keinen Gewinn.
Sie nutzen ihre Energie für IHRE Ziele.
Sie sind stolz auf ihre Erfolge.
Konkurrieren macht ihnen Spaß.
Sie sprechen eine direkte Sprache und machen sich weniger Gedanken über das, was andere tun und denken könnten.
Die bösen Mädchen haben Lust zu siegen.
Streitbare, unbequeme Frauen kommen weiter. Das ist eine Tatsache, obwohl wir in unserem Kulturkreis gelernt haben, daß Ärger und Wut und Durchsetzungswille etwas Negatives sind. Und besonders Frauen leugnen ihre heftigen Gefühle so lange, bis sie sie nicht mehr wahrnehmen.
Böse Mädchen nutzen ihre Aggression als Energiequelle. Auch wenn sie auf sich selbst zornig sind. Nicht Selbstzweifel und Selbstzerstörung sind *ihre* Lösungen, sondern nach innen und außen gerichteter Mut.
Ärger und Wut aktivieren sie zu Taten. Sie sind bereit zu handeln.
Sie sind wachsam und entlarven versteckte Aggression als das, was sie ist. Krankheitstyrannen können sie nicht beeinflussen. Sie sind nicht erpreßbar. Weder das „schwache Herz" des Vaters noch der Migräneanfall ihres Partners halten sie davon ab, ihre Meinung zu sagen oder ihre Forderung zu stellen. Sie zeigen Verständnis, nehmen in Grenzen Rücksicht und gehen dabei doch konsequent ihren Weg. Sie wollen andere nicht retten und sehen es nicht als ihre Lebensaufgabe an, bei Männern den weichen Kern unter der harten Schale zu suchen. Sie bestehen darauf, anerkannt und respektiert zu werden. […]
Das gilt im Beruf und in der Partnerschaft. Sie lassen sich nicht verrückt machen. Ihr Maßstab sind ihre ureigensten Überzeugungen und Emotionen. Signalisiert ihr Gefühl ein diffuses Unbehagen, suchen sie nach den Ursachen. Sie zweifeln dabei nicht an sich selbst, sondern richten ihren Blick nach außen. Sie lassen sich nicht piesacken von denen, die oberflächlich lieb scheinen. Sie lassen sich ihre Sorgen, Schmerzen oder Ängste nicht ausreden von denen, die ihnen einreden wollen, zu wissen, was gut für sie sei. Und sie lassen sich nicht in Panik versetzen von denjenigen, die versuchen, sie in Furcht zu versetzen, sobald sie zaghafte Zeichen von Selbständigkeit zeigen. Droht ihnen jemand Katastrophen an, sobald sie ihre Wünsche äußern, sind sie eher bereit, mit den Folgen zu leben als klein beizugeben.
Im Zweifel trennen sie sich von anderen, nie von sich selbst!

Ute Ehrhardt: Gute Mädchen kommen in den Himmel – böse überall hin. Warum Bravsein uns nicht weiterbringt. © S. Fischer Verlag GmbH, Frankfurt/M. 1994, S. 217–221

M 1

M 2

M 3

Männerbilder (TA)

	Selbstverständnis	Wirklichkeit
Erich Spitta S. 83, Z. 12–22 und S. 100,Z. 22–30	Er sprüht vor jugendlichem Idealismus und Veränderungswillen; visiert einen radikalen Wandel der gesellschaftlichen Verhältnisse an.	Materielle Abhängigkeit prägt zunächst sein Verhältnis zum Vater, später zum Schwiegervater – was bleibt von den ambitionierten Plänen?
Spitta sen. S. 60, Z. 29 – S. 61, Z. 19	Er ist von seiner doktrinären Selbstgerechtigkeit geprägt, Frauen nimmt er als sexuelles Gefahrenmoment wahr.	Hinter dem christlichen Fundamentalismus wird Sexualneid deutlich. Er vereinsamt: die Frau erkrankt, die Tochter begeht Selbstmord, der Sohn sagt sich los.
Hassenreuter S. 18, Z. 6 – S. 19, Z. 16	Der Genussmensch bleibt auch unter ökonomischem Druck selbstbewusst; Frauen sind für ihn Mittel zu sexuellem Vergnügen.	Seine Position ist abhängig von den gesellschaftlichen Verhältnissen; sexuelle Abenteuer sieht er nur als Zwischenspiel und kehrt anschließend in den Schoß der Familie zurück.
Herr John S. 75, Z. 31 – S. 76, Z. 13; S. 110, Z. 37 – S. 111, Z. 36	Er sucht Abenteuer, für die er sich aber nicht mehr attraktiv genug fühlt; erst in seiner Familie sieht er sich wirklich geborgen.	Er ist abhängig von einem engen Ehrbegriff: Liebe hört für ihn bei einem fragwürdigen Umgang mit der Wahrheit auf.
Bruno S. 94, Z. 1–26	Er sieht sich als hartgesottenen Verbrecher, der kaltblütig ein Mädchen umbringt, wenn es sich gegen ihn zur Wehr setzt.	Er ist zugleich ein Gemütsmensch, abhängig von der Anerkennung durch die Schwester und der Reputation in der Unterwelt.

M 1

Bruno Mechelke: Ein Mörder mit Gemüt

Textstellen	Inhalt	Redeweise	Verhalten/Reaktionen
S. 92, Z. 11–12	Bruno verlangt Fluchtgeld	kurze, prägnante Anweisungen	
Z. 14	gibt vage Auskunft	Verrätselung	
Z. 16–17	wird etwas konkreter (Gewaltanwendung angedeutet)	Verrätselung	
Z. 19–23	verweist auf den Erfolg und die Mühen seines Vorgehens	Paranthese, unvollständige Sätze, Wechsel des Gesprächsthemas	löscht seinen Durst: offensichtlich erschöpft von seiner Tat
Z. 26–34	geht auf Details ein: 1. Der Freund hat sich mit Pauline verabredet	vollständige Sätze, zunehmende Detailgenauigkeit	nach außen gekehrte Lockerheit („er trällert"), aber deutlich werden die Probleme, die innere Unruhe unter Kontrolle zu halten („tänzelt krampfhaft")
S. 92, Z. 36 – S. 93, Z. 10	2. zweitägiges, gemeinsames Trinkgelage	Parallelismen, um die Reihenfolge des Vorgehens präzise zu benennen („Denn … und denn …")	
Z. 12		Kurzfrage	offensichtlich irritiert vom Geräusch der Kirchenglocken, wird Bruno von seinem wichtigsten Thema, dem Fluchtgeld, abgebracht
Z. 14–16	Flucht über die Grenze geplant, Verweis auf die Kirchenglocken	Indirekte Antwort, Zitat des Hehler-Freundes	Unvermittelter Hinweis auf das Glockenläuten
Z. 18–21	Nasenbluten soll behandelt werden	Verweigerung einer direkten Antwort	zeigt eigene körperliche Schwächen
Z. 24–25	ausweichende Antwort: indirektes Mordgeständnis	Konjunktiv Irrealis	Glockenläuten führt zum Geständnis
Z. 31–34	Begründung der Tat: Gewaltbereitschaft muss unter Beweis gestellt werden	Parallele Nebensatzgefüge	rationale Abgebrühtheit in der Begründung

Textstellen	Inhalt	Redeweise	Verhalten/Reaktionen
Z. 36–37	Die Folgen sind einkalkuliert: die Todesstrafe droht		
S. 94, Z. 1–4	indirekte Begründung: Verweis auf die Liebe zur Schwester		zärtliches Verhalten der Schwester gegenüber („nicht ohne Gemütsanwandlung“) – Widerspruch zur lapidaren Abgebrühtheit Brunos
Z. 8–18	Weitere Details der Tat: 3. Bedrohung Paulines	Parallelismen, direkte Rede	
Z. 20–26	4. Der Mord	Unvollständige Sätze, Parallelismus, Parenthese, metaphorische Sprache („wie'n Beller“)	
Z. 28–32	5. Die Atmosphäre während des Mordes	einfache, parallel gebaute Sätze	
Z. 35	Verabschiedung	Beiläufigkeit („Na, und …“)	
S. 94, Z. 37 – S. 95, Z. 2	Fluchtpläne, Anweisungen für die Schwester	präzise, kurze Angaben	
Z. 4	Verweigerung, das Kind zu betrachten	Einwortsatz	„Zittern“ verweist darauf, dass Bruno seine Fassade nur mit Mühe aufrecht halten kann
Z. 5–10	endgültiger Abschied von der Schwester, gibt ihr den Talisman		Hufeisen als Symbol des Glücks für die Schwester: deutet das eigene Ende und die Verbundenheit zu Henriette an; sein „katzenartiges“ Verschwinden verweist auf Rätselhaftigkeit und Ungewissheit

M 2

Ein Milieu-Krüppel

Gottfried John als Bruno Mechelke

Gottfried John, der in der Berliner „Ratten"-Inszenierung von Rudolf Noelte den Bruno Mechelke spielt und von Hauptmanns Typenskizze eines stiernackigen, athletischen Menschen stark abweicht – der, Haut und Knochen, als langes Elend dasteht und statt der geforderten Brutalität eine kindlich unversierte Seele hervorkehrt, hat sich auf das Gastspiel mit dem inneren Vorbehalt eingelassen, dass eine bloße Killer-Rolle für ihn nicht in Frage komme.

Bruno Mechelke bringt am Ende das Dienstmädchen Piperkarcka um, und sein erster Auftritt gleich zu Beginn des ersten Aktes erfolgt beim Stichwort Mord. Sie werde sich in den Landwehrkanal stürzen, jammert die hochschwangere Piperkarcka, und ihren untreuen Bräutigam mit dem Mord auf dem Gewissen bestrafen. Ehe sie weiterreden oder zur Tat schreiten kann, erscheint Bruno auf der Bildfläche – „Schuberle buberle, ich bin's Jespenst" – und ist der Piperkarcka auf Anhieb unheimlich: „Den mecht ick Tierjarten Jrunewald nicht bejejnen – der Mensch erschrickt mir". Niemandem, auch nicht der berechnenden Frau John, die auf das Kind der polnischen Gastarbeiterin aus ist, dämmert in diesem Augenblick, dass sich der Abgrund bereits aufgetan hat. Aber selbstverständlich kann der Schauspieler von vornherein einen Bruno in Szene setzen, bei dem es jedem kalt über den Rücken läuft.

Die persönliche Abneigung gegen eine Schauspielkunst nach fertigen Charaktermustern bringt Gottfried John auf die schlichte Formel: „Wir haben im Grunde das Zeug zu allen Menschen in uns", was ebenso wenig ein Rätselsatz ist wie seine künstlerische Selbstbestimmung: „Mein Weg zu einer Rolle darf nicht weit sein." Die „Gedanken-Übertragung" bezeichnet er als den idealen Kontakt zwischen sich und dem Publikum.

Gottfried Johns Bruno ist ein düpiertes und resigniertes Kind, verkörpert in einem alten Jüngling, einem Milieukrüppel, der in der Schule des Lebens frühzeitig sitzengeblieben ist und aus eigenem Elan nur ganz notdürftig erwachsen werden konnte. Als Seelenstotterer, schlenkernd in seinem Existenzgehäuse, schlotternd in den durchgebeulten Anziehsachen, kommt er auf die Bühne und macht uns ohne irgend eine bösartige Absicht allein durch die Haltlosigkeit Angst.

Aber wie einer, der seit eh und je an Krücken geht, ist er auch ein Virtuose im Umgang mit seiner Behinderung; gewiss, ein zurückgebliebener Mensch, doch nicht etwa derart, als ob das infantile Gemüt ohne Charme und Sensibilität wäre. Das Glück ist schon voll, wenn er seine Faxen machen darf, ein bisschen Allotria am schmalen Lebensrand, und sei es nur, dass er wie ein Luftikus entlang der Teppichkante balanciert, während seine Schwester Jette, die herbe Frau John, über seinen Lebenswandel räsoniert und ihn nebenbei für ein dunkles Geschäft einspannt.

Die schmale Basis, nicht mehr als zwei Auftritte, genügt: Bruno Mechelke anfangs als die Sozialkreatur, die sich mit ihrer traurigen Verlumptheit und einem Hauch von Penner-Noblesse gegen die Kleinbürger absetzt, und danach als Opfer seiner Tat, der Mörder, der zwar weiß, was er gemacht hat, aber nicht, wie ihm geschehen ist.

Ein schwarzer Strich in Noeltes kahler und fahler Bühnenlandschaft – das Individuum, verrucht einsam: die Johnsche Wohnküche, bis tief nach hinten zum Leerraum auseinander gedehnt, schrumpft unter seinen Schritten, die erst riesig staksen und stampfen und sich dann, wie weggeschleudert von dem eigenen Kraftakt, verrennen und wegtrudeln. Den feinen Unterschied zu erfassen, dass er die Piperkarcka zwar aus der Welt schaffen, aber nicht umbringen sollte, war zu viel verlangt von Bruno. So schreitet er auch jetzt in der Küche der Schwester monströs aus, ohne Augenmaß und immer am Ziel vorbei. Er will mit der Sprache heraus, aber die Erinnerung taumelt, die Worte stolpern, der Hergang zerstückelt, und viel ist schließlich nicht gewesen. Das Blut fließt ihm aus der Nase, den Kopf nach hinten und den nassen Lappen im Nacken liegt er wie abgebrochen auf dem Fußboden – kein Baum, den das Schicksal gefällt hat, sondern nur ein Ast, der in die Gegend ragt.

Sibylle Wirsing

Theater heute, Sonderheft 1978, S. 13 f.

M 1

Idealismus und Jugend (TA)

Position:

S. 83, Z. 12 – S. 84, Z. 17
Die gemeinsame Liebe als Hoffnung auf eine menschliche Lebensmöglichkeit;
Bekenntnis zu idealistisch fundiertem Sozialethos

Vokabular:

große Worte wie von einer Tribüne ans Publikum;
unspezifisches agens „es gärt"
unspezifisches Programm: „was Besonderes, Großes, Dunkles"
unspezifische Zielgruppe: für die „Gemisshandelten und Entrechteten"

gegen die blinde Borniertheit einer Seelsorge, die sich ihres sozialen Ursprungs nicht mehr erinnert und zu biblischen Leerformeln greift, statt die Opfer der Gesellschaft zu unterstützen

Handeln:

S. 37, Z. 1 – S. 38, Z. 20
Spitta setzt sich für die Not einer betrunkenen Hure ein, ohne zu wissen, um wen es sich handelt. Er beschmutzt seine Kleidung dabei, die Brille geht zu Bruch. Lächerlich macht er sich, wenn er einen Omnibusgaul preist, der die Frau nicht verletzt.

Seine Wortwahl zeigt bereits, dass er wenig von den konkreten Problemen der Menschen begriffen hat; sein soziales Mitleid kann wenig mehr als eine Geste gegenüber den betroffenen Menschen darstellen.

Für ihn sind alle Menschen „vor der Kunst wie vor dem Gesetz" gleich; er kümmert sich auch um die, die von anderen diskriminiert werden

Spitta als ambivalente Figur:

einerseits vertritt er seine Ansichten gegenüber einer obsoleten Kunst und korrupten gesellschaftlichen Verhältnissen kämpferisch, ist auch bereit, dafür ausgelacht und beschädigt zu werden – er will die Gesellschaft verändern;

andererseits bleibt seine Position ideologisch und rhetorisch, wirkt er unreif und überspannt: er sieht Probleme, die buchstäblich „auf der Straße liegen", ist aber blind gegenüber der alltäglichen Tragik der Frau John.

Letztlich begibt er sich in die ökonomische (und künstlerische?) Abhängigkeit von seinem Schwiegervater – ein happy-end für Walburga und ihn kündigt sich an, dem seine kritische Position vermutlich nicht standhalten wird.

M 1

Familienbande (TA)

Textstellen	Personen
	Piperkarcka
S. 44, Z. 36 – S. 45, Z. 2	hat vor, ihr Kind zu töten, um sich so an ihrem Bräutigam zu rächen
S. 46, Z. 17–26	will ihr Kind als Druckmittel einsetzen, bekommt Geld vom Standesbeamten
	Sidonie Knobbe
S. 38, Z. 21–28	schickt ihre Tochter auf den Strich; kümmert sich nicht um ihre Kinder, verprügelt sie
S. 70, Z. 22–31	bezeichnet sich selbst als „kinderlieb“, lässt ihr Baby aber von Selma versorgen (und verhungern)
	Frau Kielbacke
S. 68, Z. 29 f.	leitet (?) das „Landeskindererziehungsheim“
S. 104, Z. 31– 33	hat als Abtreiberin im Gefängnis gesessen
S. 112, Z. 37 f.	nimmt fremde Kinder in Pflege, von denen aber die meisten sterben
	Harro Hassenreuter
S. 19, Z. 9–13 und Z. 17–20	geht fremd, ist überwältigt vom jugendlichen Charme der Schauspielerin; spielt bewusst mit dem Feuer
S. 64, Z. 7–11 und Z. 13–19	sieht sich als Verkörperung der „Wohlanständigkeit“; will seine Tochter wegen ihres Verhältnisses zu Erich Spitta aus der Familie verstoßen
	Pastor Spitta
S. 40, Z. 30–39	verstößt seine Tochter, weil sie schwanger ist; wird damit indirekt an ihrem Selbstmord schuldig
S. 83, Z. 27–31	ist selbstgerecht: er lernt aus dem Schicksal seiner Tochter nichts, will seinen Sohn in gleicher Weise behandeln
	Paul John
S. 31, Z. 20–36	trauert noch immer um seinen verstorbenen Sohn; zeigt Mitleid für andere Menschen in seiner Umgebung
S. 76, Z. 35–39	sieht den Sinn des Lebens in einem Nachkommen – für ihn arbeitet und spart er
S. 111, Z. 31–34	verleugnet das angenommene Kind, will mit ihm nichts mehr zu tun haben, weil er seine Ehre befleckt sieht

M 1

In seiner Inszenierung für das Frankfurter Schauspiel in der Spielzeit 1973/74 zog Hans Neuenfels aus der Einsicht, dass es eher auf die soziale Funktion des Dialektes ankomme und auf seine Authentizität als persönlichen Sprachausdruck des Schauspielers als auf den berlinischen Lokalkolorit, die radikale Konsequenz doppelt aktualisierender Verfremdung, indem er den Schauspielern ihren Heimatdialekt zu sprechen anheim stellte, statt ihnen ein künstliches Bühnen-Berlinisch abzuverlangen. Dafür scheute er nicht einmal die Mühe, die Rollenbücher für den jeweiligen Schauspieler umschreiben zu lassen, wie die beiden folgenden Textauszüge aus dem Programmheft illustrieren mögen.

Ernest W. B. Hess-Lüttich: Soziale Interaktion und literarischer Dialog. Berlin 1985, S. 218

Dialektvergleich

Berlinisch (Hauptmann)

FRAU JOHN: Habt ihr jeheert, det draußen in eene Laubenkolonie vor't Hallesche Tor der Blitz heute morjen Mann, Frau und 'n Mächen von sieben unter eene hohe Pappel erschlagen hat?
Und wissen Se wat: ick habe die Frau kurz vorher noch jesprochen, wo nachher von Blitze erschlachen is. Die hat jesacht – nu heern Se ma zu, Herr Spitta –, een dotet Kindeken, det man in Kinderwachen legt und raus in die warme Sonne rickt – det muß aber Sommersonne und Mittagssonne sind, Herr Spitta! – det zieht Atem! det schreit! det is wieder lebendig! – Det glooben Se nich? Wat? Det ha ick mit meine Oochen jesehn. [...] Det jloben Se nich, det det wieder lebendig is? Denn kann Mutter kommen und nehmen. Denn muß et jleich Brust kriejen. Sie jlooben det nich! Det is aber heilig so, Herr Spitta. Wer det nich jloobt, der weeß von det janze Jeheimnis, wo ick entdeckt habe, nischt.

Wienerisch
(die Schauspielerin Lore Stefanek)

FRAU JOHN: Habt's es g'hört, dess draussen in aner Laubenkolonie vor'm Halleschen Tor der Blitz heit in der Frua an Mann, a Frau und a sieben Jahr oites Madel unter aner hohen Pappel erschlagen hat?
Und wissen'S was: i hab die Frau kurz vorher no g'sprochen, was nachher der Blitz erschlagen hat. Die hat g'sagt – jetzt hearn'S amoi zu, Herr Spitta –, a totes Kindeken, des ma in Kinderwagn legt und raus in die woame Sonn' schiabt – des muass aber Sommersonne und Mittagssonne sein, Herr Spitta, – des ziagt Atem, des schreit, des is wieder lebendig! – Des glauben'S net? Was? Des hab i mit meinen eigenen Augen g'sehn. [...]
Des glauben'S net, dess des wieder lebendig is? Dann kann d'Mutter kommen und 's nehman. Dann muaß's glei die Brust kriagn.
Sie glauben des net! Des is aber heilig so, Herr Spitta. Wer des net glaubt, der weiss von dem ganzen Geheimnis, was i entdeckt hab, nix.

Berlinisch (Hauptmann)

JOHN: Det weeß ick. Det hab ick ihm ooch jesacht! Det is doch janz natierlich, hab ick jesacht, det et in meine Wohnung jeboren is. Da hat er jesacht: det is jar nich natierlich! Na denn, sach ick, mag et meinswegen uff'n Oberboden bei de Ratten und Mäuse jewesen sind! So kreppte ick mir, weil er doch sagte, det et womeechlich jar nich sollte in meine eijene Wohnung sind jewesen. Denn schrie er: wat sind det for Redensarten! Wat? sag ick: Ick bin for Lohn und Brot; for Redensarten, Herr Standesbeamter, bin ick nich! Un nu sollte ick Tag und Stunde anjeben [...] Wenn eener jekreppt is, denn is er verjeßlich. Ick

Schweizerisch
(der Schauspieler Johannes Peyer)

JOHN: Das weiss ii. Das hab ich ihm auch gesagt! „Das isch doch ganz natürlich", han ii gseit, „dass es in meiner Wohnung geboren ischt." Da hätt er gseit: „Det is jar nich natierlich!" „He dänn", sag ich, „mag es von mir aus auf dem Oberboden, bei den Ratten und Mäusen gsi sii!" So verruckt bin i gsi, weil er doch gesagt hat, dass es womöglich gar nicht in meiner eigene Wohnung söll gsi sii. Dann hat er geschriehen „What sind det for Redensarten!" „Wat?" sag ich „ich bin für Lohn und Brot; für Redensarte Herr Standesbeamter bin ich nööd!" Und dann sollte ich Tag und Stunde angeben [...] Wenn man ver-

jloobe, wenn er mir hätte jefracht: sind Sie Paul John, der Mauerpolier?, ick hätte jeantwortet: ick weeß et nich. Na, nu war ick doch 'n bißken verjnügt jewesen un hatte mit Fritzen eenen jekippt; denn war noch Schubert und Schindlerkarl zujekommen; denn hieß et: ick muß nu 'ne Lage jeben, weil ick doch Vater jeworden bin! – Na! Und die Brieder wollten mir ooch nich loslassen und warteten unten an de Tür von't Standesamt. Und nu dachte ick, det se unten stehen! Und wo er mir frachte, an welchen Dache det meine Frau entbunden is, denn wußte ick nischt un mußte laut loslachen.

ruckt isch, ischt man vergesslich! Ich glaube, wenn er mich gefragt hätte: sind sie Paul John der Maurerpolier?, ich hätte geantwortet: iich weiss es nööd. He ja, und dann bin ich doch auch ein bisschen in Form gsii – und ha mit em Fritz einen getrunken; und dänn isch noch der Schubert und der Schindlerkarl dazugekommen, und dann haben sie gesagt, iich müess na e Rundi spändiere will iich doch Vater gworde bin. Und dann wollten mich die Brüeder nicht gehen lassen und haben unten an der Tür vom Standesamt gewartet. Und nun ischt es mir in den Sinn gekommen, dass sie unten stehn. Und wo er mich gfröget hät a welem Tag mini Frau entbunde hät, da han il's nöd gwüsst, und da hät's mi vertätscht, und da han ii müese luut uselache!

Bekanntlich sprechen in den „Ratten" John, Frau John, Bruno Mechelke, Selma, Quaquaro, Frau Kielbacke, Schutzmann Schierke einen Berliner Dialekt. Abgesehen davon, dass dieser Dialekt ein Kunstdialekt ist, das heißt, von Gerhart Hauptmann erfunden aus dem schlesischen Idiom, ist er für unsere Schauspieler unsprechbar. Dialekt, auch wenn er in sich selbst verfremdet ist, bedeutet die direkte Beheimatlichung des Einzelnen und die damit verbundene Freiheit zur Gestaltung.

Wenn es vielleicht manchmal möglich ist, einzelne Stücke von Horvath oder Schnitzler zum Beispiel ins Hochdeutsche zu übertragen, so ist das bei Gerhart Hauptmann ausgeschlossen. Wie Hassenreuter Bildungspartikel einflicht, seine Frau eine asthmatische Sprache stöhnt, die Knobbe ihr Leid schauspielert, Pastor Spitta predigt, Walburga schwärmt, Erich Spitta zitiert; Piperkarcka ein Fantasiepolnisch redet, Alice Rütterbusch ein Kunstösterreichisch lispelt, so müssen sich die Volksgestalten dagegen absetzen. Das Babylon der Sprachen und die daraus entstehende Kommunikationsunfähigkeit ist der Grundgedanke des Stückes. Wenn wir uns darum entschlossen haben, sowohl das Österreichische wie das Schweizerische, dem individuellen Schauspieler beheimatete Dialekte, hinzuzufügen, so verstärkt dies noch die eben genannte Absicht. Wie Hauptmann das so genannte Berlinische, haben auch wir die Dialekte noch einmal in sich selbst verfremdet, das heißt, mit Vokabeln des Hochdeutschen und des Übernommenen durchsetzt. Das groteske Zusammentreffen der Personen wird dadurch verstärkt. Das Rattenmotiv, herwandern zu müssen in eine fremde Umgebung, um dort „Brot" und Arbeit zu finden, ist nicht nur eine soziale Komponente, sondern gleichzeitig ein biblischer Vorgang.

Hans Neuenfels in: Schauspiel Frankfurt 1972/73 Nr. 10/11, S. 19–21

M 1

Arbeitsauftrag:

- Untersuchen Sie, in welcher Weise sich die Sprache der folgenden Personen vom Standard der deutschen Sprache unterscheidet.
- Gehen Sie dabei auf Auffälligkeiten in den Bereichen der Phonetik, der Grammatik, der Syntax und des Wortschatzes ein.
- Versuchen Sie, auf Grund dieser sprachlichen Besonderheiten einzuschätzen, welche Eigenschaften Gerhart Hauptmann bei seinen Personen jeweils hervorheben wollte.

(I) Henriette John (S. 42, Z. 2 – S. 43, Z. 2)
(II) Paul John (S. 28, Z. 9 – Z. 33)
(III) Bruno Mechelke (S. 10, Z. 22 – S. 11, Z. 5)
(IV) Pauline Piperkarcka (S. 8, Z. 21 – Z. 32)
(V) Erich Quaquaro (S. 76, Z. 14 – S. 77, Z. 31)
(VI) Harro Hassenreuter (S. 14, Z. 29 – S. 15, Z. 2 und S. 15, Z. 36 – S. 16, Z. 23)
(VII) Erich Spitta (S. 83, Z. 24 – S. 84, Z. 17)
(VIII) Pastor Spitta (S. 60, Z. 32 – S. 61, Z. 19)
(IX) Sidonie Knobbe (S. 71, Z. 36 – S. 72, Z. 24)

M 2

Bruno Mechelke

Auffälligkeiten im Bereich von

Phonetik:
Wegfall der Endkonsonanten („Mächen“)
Wortzusammenziehungen („willst du“ → „wiste“)
-ch- → -ck– („ich“ → „ick“)
-s- → -t- („das“ → „det“)
-a- → -e- („das“ → „det“)
-g- → -j- („Tiergarten“ → „Tierjarten“)
-g- → -ch- („vorige“ → „vorichte“)
-ö- → -ee- („schön“ → „scheen“)
-u- → -e- („du“ → „de“)

Grammatik:
- Verwechslung von Akkusativ und Dativ
- Falsche Verwendung der flektierten Verbform („wer ick der Potsdamer sind“)
- Beifügung des Hilfsverbs „tun“
- Beifügung von -n- bei Eigennamen („bei Huldan“)

Syntax:
- Anakoluth (Nebensatzeinbau: „weil det de vor det Mächen so ängstlich ’ne Wand machen dust“)
- Ellipse: Wegfall des Artikels („in Tierjarten“)
- Neubildung („Ich schlafe“ → „Mir schläfert“)

Wortschatz:
- Gaunersprache / Rotwelsch:

„ne Wand machen“	„abschirmen“
„abtippeln“	„verschwinden“
„plattjemacht“	„im Freien schlafen“
„Kohlmarcht“	„kein Geld haben“
„Plattmulllje“	„Brieftasche“
„abschrenken“	„abhauen“

– Berliner Jargon:
  Füllwort „Komma“

„Pomade sein“	„egal sein“
„pomadig“	„gleichgültig“
„der Potsdamer sein“	„der Dumme sein“

Einschätzung: Bruno spricht die Sprache der kriminellen Randgruppen, der Diebe und Hehler, der Landstreicher und Zuhälter: für das bürgerliche Publikum liegt sie am Rande des Verständlichen und verstärkt damit den exotischen Eindruck dieser Figur.

Pauline Piperkarcka

Auffälligkeiten im Bereich von

Phonetik: Wegfall des Endkonsonanten -t- („nicht“ → „nich“)
-ch- → -ck- („ich“ → „ick“)
-g- → -j- („geh“ → „jeh“)

Grammatik:
- Ersetzung von Akkusativ durch Dativ (aber nicht durchgehend)
- Falsche Pluralbildung („mit meine letzten Pfennig“)
- Infinitivbildung statt flektierter Verbform („kaufen mir Vitriol“)
- falsche Adjektivbildung („verfluchtiger Hund“)

Syntax:
- Anakoluth („ick jeh', mit meine letzten Pfennig kaufen mir Vitriol ...“)
- Parenthesebildungen („trefft, wen trefft“)
- Ellipse: Wegfall des Artikels bzw. Pronomens („mitten in Jesicht“)
- Parallelismen/Parataktischer Satzbau
- Klimax („Hat mir betrogen! zujrunde jerichtet!“ ...)
- Inversion („Soll jar nich mehr überhaupt auf Erde sein!“)

Wortschatz:
- schlichte Sprache („kaputt“)
- Wortwiederholungen
- Fremdwörter („Vitriol“, „Visage“)

Einschätzung: Piperkarcka spricht eine Mischung aus „Pidgindeutsch“ und Berliner Dialekt; sie wird damit deutlich als Angehörige der Unterschicht gekennzeichnet. Sie ist unsicher im korrekten Sprachgebrauch, weist aber eine klare Argumentationsstruktur auf. Ihre Sprachintentionen sind stets offensichtlich, auch wenn sie mitunter nur über den Kontext zu erschließen sind („Trefft, wen trefft“).

Harro Hassenreuter

Auffälligkeiten im Bereich von

Phonetik: Keine Normverletzung

Grammatik: Keine Normverletzung

Syntax: Keine Normverletzung
- wohl gefügte hypotaktisch gebaute Sätze
- Übergang zu Kurzsätzen / Beschimpfungen
- Einbau von Parenthesen
- Inversion („Ein Segen, dass das Rindvieh, verdammte, gegangen ist!“)

Wortschatz:
- lateinische Zitate („Sic transit gloria mundi!“)
- Fremdwörter („Katakomben“)
- asyndetische Reihung („Motten-, Ratten-, Flohparadies“)
- Aposiopese („... und kutsche in diese verfluchte Gegend ...“)
- Beschimpfungen („Rindvieh, verdammtes!“)

Einschätzung: Hassenreuter kann seinen Sprachstil nach Belieben ändern: er verwendet die phrasenhafte Sprache eines Menschen, dem der Inhalt der Rede gegenüber der rhetorischen Wirksamkeit zurücktritt. Wenn er seinen Partner beeindrucken will, brilliert er mit Zitaten und einer geschliffenen Theatersprache, wenn er sich gestört fühlt, greift er auf alltagssprachliche Wendungen und Beschimpfungen zurück – ändert aber seinen Sprachstil sofort wieder, wenn eine neue Rolle gefragt ist (etwa durch den Besuch von Alice Rütterbusch).

Erich Spitta

Auffälligkeiten im Bereich von

Phonetik: Keine Normverletzung

Grammatik: Keine Normverletzung
- Verwendung des doppelten Genitivs („von dem Drucke der Sünde der Welt“)
- Konjunktivgebrauch in der Indirekten Rede

Syntax: Keine Normverletzung
- wohl gefügte hypotaktisch gebaute Sätze
- Vokative oder Appellative („Oh, diese Christen ...“)
- Parallelismen
- Rhetorische Fragen
- Anaphern („Und alles Elend ...“ „Und so soll ...“)

Wortschatz: Bibelsprache („... Diener des guten Hirten, der das verlorene Schaf doppelt zärtlich in seine Arme nahm“)
- preziöse Doppelungen („Donnerrollen und Wetterleuchten“)
- Metaphorik („gewisse Berliner Hyänen“)
- Nominalausdrücke („die Entrechteten“)

Einschätzung: Erich Spitta sagt sich zwar von seinem Theologiestudium los, weil ihm „der Predigerton zuwider ist“ (S. 53, Z. 11), das Gespräch mit Walburga ist aber gerade durch die Floskelhaftigkeit der Pastorensprache geprägt; er verwendet die Überzeugungsstrategien des Theologen. Er betont vielfach die persönliche Betroffenheit; seine Phraseologismen lassen aber das Gegenteil spüren. Anders als bei Hassenreuter ist in seiner Runde keine Spur von selbstironischen Brüchen zu finden.

M 1 Versagen der sprachlichen Kommunikation

Die Personen des Stücks sprechen ihrem Alter, Geschlecht und Stand entsprechend verschieden. Die John drückt sich anders aus als Quaquaro oder ihr Bruder; Spitta braucht andere Wendungen als Hassenreuter. Die Menschen reden jeweils so, wie sie – ihrer ganzen Art gemäß – im Augenblick eben reden müssen.

Das klassische Drama zeigt den sich zur Welt entschließenden, sich frei entscheidenden Menschen. Im Dialog bietet sich dem Einzelnen die Möglichkeit einer Beziehung zur Mitwelt. Die Sprache verbindet ihn mit einer umfassenden Gemeinschaft. Die allen gemeinsame, einheitliche Verssprache hat so ihren guten Sinn. Bei Hauptmann dagegen ist der Mensch auch sprachlich auf seine persönliche, endliche Einzelexistenz eingeschränkt. Die tragende Schicht des Gemeinsamen fehlt weitgehend. Es fehlt damit auch das darin enthaltene Element der Freiheit: nämlich die Möglichkeit für den Einzelnen, die Schranken seiner Individualität zu durchbrechen und über sich hinauszuwirken. Einsam tritt der Mensch seiner Umwelt gegenüber.

Nichts könnte diese Beziehungslosigkeit besser veranschaulichen als der „Dialog“ zwischen Frau John und Pauline zu Beginn des ersten Akts. Nimmt man dieses sehr „dramatische“, spannungsgeladene Gespräch näher unter die Lupe, so wird man bald gewahr, wie wenig von einem Zwiegespräch im herkömmlichen Sinn hier noch die Rede sein kann. Beide Frauen gehen gar nie darauf ein, was die andere sagt, denn jede ist mit ihren eigenen Problemen vollauf beschäftigt. Diese Monomanie erscheint vorläufig noch in einem komisch-heiteren Licht. Frau John kommt in umständlich langatmiger Weise von der Normaluhr am Alexanderplatz bis zu der Frage nach Gut und Böse so ziemlich auf alles zu sprechen. Aber das berührt nur eine vordergründige Schicht der Sprache. Durch die oft konfusen Reden der John zieht sich ständig das gleiche Leitmotiv. Im Grunde genommen spricht sie die ganze Zeit nur von dem Kind. Das Wort kommt bei ihr während des ganzen Stücks fast in jedem einzelnen Satz vor. Aus den Äußerungen ihrer Partnerin hört sie jeweils nur das heraus, was sich auf ihren eigenen „Kinderkomplex“ bezieht.

Die Piperkarcka ist in ebenso hohem Maße mit sich selber beschäftigt wie die John. Für das Kind interessiert sie sich allerdings gerade nicht. Ihr ist es jetzt schon lästig! Auf die Vorschläge der John geht sie gar nie ein. Sie „antwortet“ dafür mit Ausbrüchen der Wut und der Verzweiflung, in denen sie sich ausmalt, wie sie sich an dem Mann rächen wolle, der sie so schnöde hat sitzen lassen. Sie legt dabei eine Leidenschaftlichkeit und Primitivität von erschreckenden Ausmaßen an den Tag. Ihre Rede gipfelt in einer förmlichen Rachearie, in der sie sich ausmalt, wie sie dem Kerl Vitriol ins Gesicht gießen will.

Hauptmann erzielt an dieser Stelle geradezu melodramatische Wirkungen. Die ständige Wiederholung des refrainartigen „Trefft, wen trefft!“ betont die aus der Verzweiflung geborene Monomanie ihres „Denkens“. Sie kommt von der einen, sie beherrschenden Vorstellung nicht mehr los. Diese macht sie nach außen völlig blind und taub. Das Aneinandervorbeireden ist auch für die anderen Personen charakteristisch. Die Sprache schafft keine Verbindung zu einem Du mehr. Es wird sich auch keiner richtig bewusst, was der andere sagt. Die Rede des Partners wird ihm höchstens zum Stichwort für die eigene „idée fixe“.

Dieses Versagen der sprachlichen Kommunikation weist auf eine letzte Vereinsamung und Vereinzelung des völlig isolierten Menschen hin. Dem entspricht die Beobachtung, dass die Liebe in den „Ratten“ eigentlich nur noch in komischer Gestalt erscheint: sei es in der Form jenes „Flirts“ zwischen dem bedeutend älteren und verheirateten Hassenreuter und seiner ehemaligen „Naiven“, sei es als die etwas lächerliche pathetische Verliebtheit zwischen Walburga und ihrem jungen Hauslehrer Spitta. (Ob man die „Kinderwut“ der John als Liebe bezeichnen will, ist eine Frage für sich.) Für gewöhnlich begegnen sich die Menschen nicht in Liebe sondern in Hass. Zu den Höhepunkten des Dramas gehören die spannungsgeladenen Auseinandersetzungen zwischen der John und Pauline oder zwischen Paul John und seinem Schwager Bruno. Schließlich kann man dasselbe, wenn auch in stark gemilderter, zivilisierter Form, für den Streit zwischen Spitta und Hassenreuter geltend machen. Diese Szenen wirken, der in ihnen aktivierten Gegensätze wegen, sehr dramatisch; aber diese Leidenschaften tragen sozusagen ein negatives Vorzeichen.

Das Verhalten der Menschen entspringt der Abwehr, es ist gegen den Anderen gerichtet, der als Bedrohung der eigenen Existenz empfunden wird. Diese Feindseligkeit nach außen zeigt die ganze Starre der Individualität. Sie hat gleichsam den Charakter eines Panzers, der den Menschen nach außen abschließt und ihn nicht mehr zu einer echten Beziehung kommen lässt. […]

Paul Berger: Gerhart Hauptmanns „Ratten“. Winterthur 1961, S. 12–14, S. 54.

M 1 Sprache des Naturalismus

Der erste Eindruck naturalistischer Sprache ist für den Zuschauer Schwerverständlichkeit, für den Leser optische Verwirrung: der Stil von Pünktchen, Gedankenstrichen, Ausrufezeichen und eingeschobenen Autorenanweisungen macht ein kontinuierliches Nachvollziehen unmöglich, zwingt den Leser (und auf der Bühne den Schauspieler) zum Entziffern des auktorial Vorgegebenen, zu einem zähen Prozess, der oft durch Dialektverwendung noch erschwert wird. Um nur ein bekanntes Beispiel zu erwähnen: Hauptmanns „Waber" sind für den Nicht-Schlesier schlichtweg unlesbar, und selbst die dem Hochdeutschen angenäherte „Weber"-Fassung bringt noch genügend Schwierigkeiten des Verstehens mit.
Hinzu kommt die häufige Herkunft des Spielpersonals aus der Unterschicht, deren Sprechweise der naturalistische Autor dem Objektivitätspostulat entsprechend mit allen Verstößen gegen eine ‚normale' Redeform abbildet. [...]
Die mimetische Reproduktion der Alltagssprache, welche die Naturalisten als Novum in die deutsche Literatur einführen, stellt einen radikalen Bruch mit der bisherigen Dichtungssprache dar: angestrebt ist eine Form der Redeweise, die sich alles Poetischen, alles Fiktionalen im herkömmlichen Sinn enthält – so sehr, dass man geradezu von einer *Expositorik* der naturalistischen Literatursprache reden könnte. – Wenn eine heute geläufige Grobeinteilung der Textsorten in fiktionale und expositorische auch nur mit gewissen Einschränkungen Unterscheidungsmerkmale zwischen ‚dichterischem' und ‚normal-alltäglichem' Ausdruck erbringt, so hilft diese Differenzierung doch zu trennen, was einmal als – ‚poetisch' – gefilterte Aussage und zum andern als unverstellte Weise des Gesprächs oder der (beispielsweise politischen) Rede erscheint.
Die so verstandene Expositorik naturalistischer Diktion erstreckt sich – ganz abgesehen vom Gebrauch des Dialekts und Soziolekts – bis in Bereiche des Jargons, des Slangs und sogar der Fäkalsprache, dann etwa, wenn Säufer oder Dirnen zu Wort kommen: auch hier zeigt sich, wie schon im Stofflichen, ein gewolltes und zuweilen sehr forciertes Aufbrechen von Tabus, und ebenso wiederholen sich die affektgeladenen Abwehrreaktionen, welche die Kritiker der Jüngstdeutschen bereits bei den ‚krassen' Stoffen gezeigt hatten: ‚so eine' Sprache der ‚Gosse', so eine ‚Bordelldiktion' war bisher undenkbar gewesen und sollte nach Meinung der Naturalismus-Gegner auch künftig obsolet bleiben. [...]

Bei der Analyse der „konsequent naturalistischen" Sprache sind die bisher immer wieder herangezogenen Begriffe des Dialekts und Soziolekts, also lokale und schichten- oder klassenspezifische Ausprägungen der Sprechakte, nur grobe Raster, die erheblicher Differenzierung bedürfen. Sie sind allzu pauschale Beschreibungsinstrumente, als dass nicht situative und emotionale Kriterien im sprachlichen Vollzug mitbeachtet werden und begrifflich enger eingegrenzt werden müssten. Zunächst einmal sollte – ausgehend von einer genauen Untersuchung der kleinbürgerlichen und proletarischen Bewusstseinssyndrome (Existenzangst aufgrund materieller Not; meist nicht in Aktion transponierbares, weil Autoritäten-Rache fürchtendes oder vom Herr-und-Knecht-Schema als unumstößlicher Dauereinrichtung überzeugtes oder von vornherein resigniert-dumpfes Bewusstsein; selbstmisstrauender Fatalismus und Defätismus u.s.f.) – diese Sprache als spezifische Ausformung der Unterschichtsprache in einer historisch ganz präzisen (also nicht schematisch-überzeitlichen) Synchronie der späten Bismarckzeit und des beginnenden Wilhelminismus beschrieben werden: die sprachlichen „Restriktionen" also als psychisch internalisierende und internalisierte Vermittlungsinstanzen ökonomischer, soziologischer, hierarchischer, familiärer und Milieu-Bedingungen. Sodann aber muss ein Schritt darüber hinaus folgen, welcher darauf abhebt, dass im Sprechakt eines jeden Menschen – sofern er nicht durch metrische Korsettage abgestützt oder durch Autorenharmonisierungen gereinigt erscheint – „Mimik der Rede" auftaucht: dass sich im Sprechakt eines jeden Menschen jeweils situativ widerspiegelt, wie es um seinen derzeitigen Affekthaushalt bestellt ist.
Ich möchte für die Beschreibung solcher ‚gestörter' Sprechakte – wie sie im Naturalismus (auch schon in der Prosa) häufig verwandt werden – einen neuen Terminus vorschlagen, der über den Bereich des Naturalismus hinaus für jede Art zu schreiben oder zu sprechen tragfähig sein dürfte, die sich der Stilisierung enthält: den Begriff des Psycholekts. [...]
Unter *Psycholekt* verstehe ich – neben dem mundartbezogenen Dialekt und dem ‚ständische' Herkunft abbildenden Soziolekt – ein Sprachverhalten, welches, und zwar über-‚ständisch', das emotionale Gleichgewicht, das gestörte oder mangelnde und gar fehlende Gleichgewicht des Sprechers in seinen Äußerungen reproduziert. Es entspricht einer Binsenweisheit, dass jeder Mensch in seinem Sprach-

duktus Schwankungen der Phonzahl, der Worthäufigkeit und der geregelten Syntax unterliegt, dass also im Zustand ruhigen Geplauders ein anderes Sprechverhalten zutage tritt als im Zustand der (hochgradigen) Erregung; anders, dass der mehr oder weniger harmonische Affekthaushalt ein mehr oder weniger ruhiges oder unruhiges Sprechen bedingt. In der Situation der Affekthaushaltstörung aber spricht auch der Kerr'sche „Oberlehrer" abgehackt, katachretisch, anaphorisch, stammelnd, kurzum „erregt", wie es im normalen Sprachgebrauch treffend bezeichnet wird – im Gegensatz zu einer „angeregten" Unterhaltung; spricht also selbst der sonst so syntaxmeisternde „Oberlehrer" in Richtung dessen, was Naturalismus-Kritiker bissig als „Tierlautkomödie" registrierten. [...]

Konventionelles Schiller-Pathos – wie es noch der stellungslose Theaterdirektor Hassenreuther in Hauptmanns „Ratten" seinen Schülern als ewig gültiges Gesetz der hohen Deklamierschule einzutrichtern versucht – ist nicht mehr möglich: anstelle monoton gewichtiger, bedeutungsträchtiger Fanfarenstöße ist die differenzierte wie diffizile Feinabstimmung eines stimmlich-mimetischen Klangkörpers gerückt, anstelle der „Oberlehrer"-Diktion der oft – dialektisch, elliptisch, bloß-interjektional – restringierte Code, den neben „Arbeitsmännern" und „armen Näherinnen" auch Oberlehrer sprechen, wenn sie nicht gerade vom Katheder herab dozieren.

Auf eine – kaum zu pauschale – Formel gebracht: sprachen die Bühnengestalten des Blankverstheaters allesamt die poetische Sprache ihres Autors, so verteilt nun der Autor aufgrund genau beobachteter Individualsprachen, Dialekte und Soziolekte samt deren jeweils mutierenden Tonlagen die Sprach-Rollen; statt eines durchgängigen metrischen Schemas, dem der Kronprätendent ebenso entspricht wie der reitende Bote, die Mätresse wie die Kammerzofe, wird nun Durchgängigkeit, Konsistenz nur noch für die einzelne Person sprachlich realisiert, etwa mit redensartlichen Stereotypen wie dem „nu ja" des ollen Kopelke in Holz/Schlafs „Familie Selicke", dem „hähähä" des alten Schniermann in Rosenows „Die im Schatten leben" oder dem „ja – ja" der Sophie in Hartlebens „Hanna Jagert", mit syntaktisch charakteristischen Mustern wie Inversion oder Ellipse.

Szenen hochgradiger Erregung oder Episoden von Affektstaus mit deutlicher Explosionslatenz hatte auch das konventionelle Drama zur Genüge gekannt – doch waren auch in solchen Situationen die Blankverse oder andere Metren nicht verlassen worden, waren sie weitergesprudelt und allenfalls in der Wortwahl bombastischer, pathetischer geworden: sprachliches Zögern oder gar Versagen war zumeist obsolet; wo die real gedachten Bühnenfiguren von ihrer Zunge im Stich gelassen worden wären, half der Autor mit Eloquenz und metrischer Sicherheit nach. Dem Naturalismus schien solche Nivellierung (die sich ja auch über alle soziale Schichten erstreckte, so dass der Diener die gesattelten Pferde mit gleichem Pondus zu vermelden hatte wie der Feldherr seine Soldaten instruierte) als unwahr, verlogen, wirklichkeitsfremd. Er ersetzte das Über-alles-hinweg-reden-Können durch ein differenziertes Instrumentarium der weitgehenden Sprachverlassenheit oder der vollkommenen Sprechunmöglichkeit: durch Mimik, Pantomimik und Gestik. [...]

Sprachliche Mittel – samt Dialekt, Soziolekt und Psycholekt – wie außersprachliche Mittel dienen dem naturalistischen Autor zu einem nicht mehr überbietbaren Verismus in der Abbildung verbalen und nichtverbalen Alltagsverhaltens. Er lässt seine Gestalten in der Tat ihre eigene Sprache reden oder in Sprachnot kommen, ohne harmonisierend und nivellierend einzugreifen; er referiert lediglich, was zuvor genau beobachtet und der Wirklichkeit entnommen wurde: Menschen mit sprachlichen Nachlässigkeiten, Eigenheiten, Schwierigkeiten. Wie die vorangeschickten Szenenanweisungen den Bühnenraum bis ins letzte ‚programmieren', so konzentriert die Sprache der Gestalten ihren ökonomischen und mentalen Standard: sie ‚verrät' vor allen inhaltlichen Aussagen ihren jeweiligen Träger. In Verbindung mit dem „Sekundenstil" räumt sie alle herkömmlichen Vorstellungen von Dichtungssprache beiseite und wiederholt in der Diktion, was bei der naturalistischen Stoffwahl bereits als Bruch mit Tabus und als Einsatz des Hässlichen gezeigt wurde.

Günther Mahal: Naturalismus. Fink Verlag, München 1975, (UTB 363), S. 95–106

Wanderratten

gibt zwei Sorten Ratten:
ie hungrigen und satten.
Die satten bleiben vergnügt zu Haus,
Die hungrigen aber wandern aus.

Sie wandern viel tausend Meilen,
Ganz ohne Rasten und Weilen,
Gradaus in ihrem grimmigen Lauf,
Nicht Wind noch Wetter hält sie auf.

Sie klimmen wohl über die Höhen,
Sie schwimmen wohl durch die Seen;
Gar manche ersäuft oder bricht das Genick,
Die lebenden lassen die toten zurück.

Es haben diese Käuze
Gar fürchterliche Schnäuze;
Sie tragen die Köpfe geschoren egal,
Ganz radikal, ganz rattenkahl.

Die radikale Rotte
Weiß nichts von einem Gotte.
Sie lassen nicht taufen ihre Brut,
Die Weiber sind Gemeindegut.

Der sinnliche Rattenhaufen,
Er will nur fressen und saufen,
Er denkt nicht, während er säuft und frisst,
Dass unsre Seele unsterblich ist.

So eine wilde Ratze,
Die fürchtet nicht Hölle, nicht Katze;
Sie hat kein Gut, sie hat kein Geld
Und wünscht aufs neue zu teilen die Welt.

Die Wanderratten, o wehe!
Sie sind schon in der Nähe.
Sie rücken heran, ich höre schon
Ihr Pfeifen – die Zahl ist Legion.

O wehe! wir sind verloren,
Sie sind schon vor den Toren!
Der Bürgermeister und Senat,
Sie schütteln die Köpfe, und keiner weiß Rat.

Die Bürgerschaft greift zu den Waffen,
Die Glocken läuten die Pfaffen.
Gefährdet ist das Palladium
Des sittlichen Staats, das Eigentum.

Nicht Glockengeläute, nicht Pfaffengebete,
Nicht hochwohlweise Senatsdekrete,
Auch nicht Kanonen, viel Hundertpfünder,
Sie helfen Euch heute, Ihr lieben Kinder!

Heut helfen Euch nicht die Wortgespinste
Der abgelebten Redekünste.
Man fängt nicht Ratten mit Syllogismen,
Sie springen über die feinsten Sophismen.

Im hungrigen Magen Eingang finden
Nur Suppenlogik mit Knödelgründen,
Nur Argumente von Rinderbraten,
Begleitet mit Göttinger Wurst-Zitaten.

Ein schweigender Stockfisch, in Butter gesotten,
Behaget den radikalen Rotten
Viel besser als ein Mirabeau
Und alle Redner seit Cicero.

Heinrich Heine

Heinrich Heine: Sämtliche Schriften, Bd. 11. München 1976, S. 306 f.

M 1

Ratten und Gespenster (TA)

Textstellen	Raum	Inhalt	Thema
S. 7, Z. 13 und Z. 29 f.	Dachboden	Mausefallen Bruno als „Jespenst“	Dunkelheit und Verfall verdichten die Atmosphäre, prägen die Charaktere
S. 12, Z. 39 – S. 13, Z. 4		Frau John als „Geist“	
S. 51, Z. 35 – S. 52, Z. 17 S. 56, Z. 16–20	Dachboden	„Kavallerist Sorgenfrei“	dämonische Überwirklichkeit: nur im Selbstmord Freiheit vom militärischen Druck; existentielle Not im Unterdrückungssystem
S. 55, Z. 27–30	Dachboden	Spitta jun. als „Ratte“	Die Zerstörung der gesellschaftlichen Verhältnisse wird durch die Forderungen der Reformer vorangetrieben
S. 86, Z. 17 S. 89, Z. 27–35 S. 96, Z. 18	Wohnung II. Stock	Frau John als „Jeist“ Herr John „von Jespenstern umjeben“ Walburga sieht „Gespenster“	Bedrohung der Persönlichkeit durch anonyme, ungreifbare Gefahren. Ahnung von unheilvollen Zusammenhängen und Zwängen
S. 105, Z. 13–20	Wohnung II. Stock	Herr John: „Allens is hier morsch“	Der Boden der bürgerlichen Welt erscheint brüchig, die Existenz gefährdet. Zuspitzung auf die Katastrophe des gesamten Systems: die Rattenwelt wird zur morschen Welt schlechthin. Dämonische Welt und soziale Verhältnisse durchdringen sich

M 1

Das Ratten-Symbol

Das Motiv wird ganz beiläufig eingeführt und gewinnt erst nach und nach Bedeutung. Die beiden entscheidenden Stellen stehen zuletzt. Der Maurerpolier sieht, in seinem bereits geschilderten Gefühlsausbruch im 5. Akt, das ganze Haus von Ratten und Mäusen zerfressen. Er erlebt seiner Bildungsstufe und seinem Beruf entsprechend die Unterhöhlung seiner Welt noch ganz konkret. Die Ratten sind bei ihm das wohl bekannte nächtliche Tier, das die Häuser untergräbt, die er gebaut hat. Aber er ist nicht der einzige, der diese Tiere fürchtet. Hassenreuter kann in dem Streit mit Spitta schließlich nicht mehr an sich halten: „Sie sind ein Symptom. Also nehmen Sie sich nicht etwa wichtig! – Sie sind eine Ratte! Aber diese Ratten fangen auf dem Gebiete der Politik – Rattenplage! unser herrliches neues geeinigtes Deutsches Reich zu unterminieren an. Sie betrügen uns um den Lohn unserer Mühe und im Garten der deutschen Kunst – Rattenplage! – fressen sie die Wurzeln des Baumes des Idealismus ab: sie wollen die Krone durchaus in den Dreck reißen. – In den Staub, in den Staub mit euch."

Die Ratten, die Hassenreuter meint, sind eher geistiger Art. Er versteht darunter jene subversiven Elemente, die auf dem Gebiete der Kunst und der Politik sich gegen das Bestehende richten. Dazu gehören alle jene Dinge, von denen man lieber nicht spricht wie der Bürgerschreck des Sozialismus oder des Naturalismus.

Einen solchen rein destruktiven Aspekt der Ratten verkörpert am ehesten Bruno. Sein Wirken bleibt völlig im Negativen. Aber er und seine Freunde sind ja nicht die Einzigen, die eine unterirdische Existenz zu führen gezwungen sind. Angefangen bei Frau John, die grau und unscheinbar in ihrem dumpfen und lichtlosen Revier herumtrottet, sind alle „Ratten", die auf irgendeine Weise mit den Mächten der Ordnung in Konflikt geraten sind.

Das Stück ist derart reich an leichteren und schwereren Delikten im Sinn des Strafgesetzbuchs, dass sich ein Jurist seinerzeit die Mühe genommen hat, sämtliche Verstöße gegen das geltende Recht, mit den einschlägigen Gesetzesparagraphen, zusammenzustellen. So gesehen, ist vielleicht die John die am meisten Schuldige. Damit begibt man sich aber wiederum nur auf den Standpunkt Hassenreuters, der – ein bezeichnender kleiner Umstand – früher einmal die Rechte studiert hat. Er und der Pastor maßen sich an, die Entscheidung darüber zu treffen, was es auf dieser Welt geben darf und was nicht. Wie wenig ihre Gesetzlichkeit im Leben fundiert ist, spricht allerdings schon allein aus dem Umstand, dass es ihnen – ähnlich wie dem famosen Amtsvorsteher Wehrhahn im „Biberpelz" – nicht gelingt, der Lage Herr zu werden. Sie vermögen bei ihren Abwehrversuchen die chaotischen Kräfte nicht zu bändigen, sind aber noch stark genug, wertvolles Leben zu zerstören.

Es handelt sich zwar um eine ziemlich düstere Gesellschaft, die Hauptmann hier vorführt. Aber sie verrät doch eine unleugbare Vitalität. Diese äußert sich nicht zuletzt in ihrer Aktivität im Zerstörerischen, welche sich gegen eine innerlich morsche, längst überholte Welt richtet. Was für Hassenreuter Anarchie und kulturfeindliches Barbarentum bedeutet, wertet Spitta positiv als Anzeichen eines Neubeginns: Spitta sieht das Neue, statt im Bild des zerstörerischen nächtlichen Tiers, als die in der Erde ruhende neue Saat. Die Ratten werden zu den Kindern einer neuen Zeit die schon bald das Erbe der Welt antreten wird. Die Vertreter der älteren Generation dagegen erinnern sie in peinlicher Weise an das Fortschreiten der Zeit. Die Bewahrer der Tradition erweisen sich in dem Stück als innerlich bereits zu verkrampft, als dass sie in dieser ständig sich vollziehenden Wandlung mehr als die Zerstörung des Bisherigen-Vertrauten sehen könnten, an das sie sich klammern. Die Mahner der Vergänglichkeit lassen sich aber auch durch die vehementesten Proteste nicht zum Schweigen bringen.

Das mit viel Kunstverstand verwendete und sorgfältig durchkomponierte Rattenmotiv ist einer rationalen Deutung also ohne weiteres zugängig. Man darf aber deshalb nicht in den Fehler verfallen, darin lediglich eine willkürlich konstruierte Allegorie sehen zu wollen. Es fragt sich überhaupt, ob sich solche bildhafte Umsetzungen einer „Idee" je willentlich erfinden lassen. Die moderne Psychologie ist in diesem Punkt entschieden anderer Ansicht. Freud erklärt bei einer Traumdeutung, dass Ratten Kinder bedeuten, was gerade im Hinblick auf unser Mütter- und Kinderdrama aufhorchen lässt.

Paul Berger: Gerhart Hauptmanns „Ratten". Winterthur 1961, S. 100–102.

M 1

Zwei kunstprogrammatische Standpunkte (TA)

	Spitta	Hassenreuter
Schauspielkunst	– gegen unnatürliche, pathetische Sprache – gegen Goethes Schauspielervorschriften	– für die Kunst des Sprechens nach Goethes Schauspielkatechismus
Drama	– für die Tragikfähigkeit auch der „kleinen Leute“	– für aktionsbetontes, äußeres Handlungsdrama an Stelle von inneren Konflikten – für poetische Gerechtigkeit, die Bestrafung der Schuldigen – gegen Alltagsmenschen als Objekt der Tragödie
literarische Tradition	– für Sturm und Drang, Lessing und Diderot gegen Schiller und Freytag	– für Schiller/Goethe/Aristoteles
	⇓ **Naturalismus**	⇓ **Klassizismus**

M 1

Zum Shakespeare-Tag

14. Oktober 1771.

[...] Wir ehren heute das Andenken des größten Wanderers und tun uns dadurch selbst eine Ehre an. Von Verdiensten, die wir zu schätzen wissen, haben wir den Keim in uns.

Erwarten Sie nicht, dass ich viel und ordentlich schreibe, Ruhe der Seele ist kein Festtagskleid; und noch zur Zeit habe ich wenig über Shakespeare gedacht; geahndet, empfunden, wenn's hoch kam, ist das höchste, wohin ich's habe bringen können. Die erste Seite, die ich in ihm las, machte mich auf zeitlebens ihm eigen, und wie ich mit dem ersten Stücke fertig war, stund ich wie ein Blindgeborner, dem eine Wunderhand das Gesicht in einem Augenblicke schenkt. Ich erkannte, ich fühlte aufs lebhafteste meine Existenz um eine Unendlichkeit erweitert, alles war mir neu, unbekannt, und das ungewohnte Licht machte mir Augenschmerzen. Nach und nach lernt ich sehen, und, Dank sei meinem erkenntlichen Genius, ich fühle noch immer lebhaft, was ich gewonnen habe.

Ich zweifelte keinen Augenblick, dem regelmäßigen Theater zu entsagen. Es schien mir die Einheit des Orts so kerkermäßig ängstlich, die Einheiten der Handlung und der Zeit lästige Fesseln unserer Einbildungskraft. Ich sprang in die freie Luft und fühlte erst, dass ich Hände und Füße hatte. Und jetzo, da ich sahe, wie viel Unrecht mir die Herrn der Regeln in ihrem Loch angetan haben, wie viel freie Seelen noch drinne sich krümmen, so wäre mir mein Herz geborsten, wenn ich ihnen nicht Fehde angekündigt hätte und nicht täglich suchte, ihre Türme zusammenzuschlagen.

Das griechische Theater, das die Franzosen zum Muster nahmen, war nach innerer und äußerer Beschaffenheit so, dass eher ein Marquis den Alcibiades nachahmen könnte, als es Corneillen dem Sophokles zu folgen möglich wär'. [...]

Nun sag' ich geschwind hintendrein: „Französchen, was willst du mit der griechischen Rüstung, sie ist dir zu groß und zu schwer."

Drum sind auch alle französische Trauerspiele Parodien von sich selbst. [...]

Shakespeares Theater ist ein schöner Raritätenkasten, in dem die Geschichte der Welt vor unsern Augen an dem unsichtbaren Faden der Zeit vorbeiwallt. Seine Plane sind, nach dem gemeinen Stil zu reden, keine Plane, aber seine Stücke drehen sich alle um den geheimen Punkt, „den noch kein Philosoph gesehen und bestimmt hat", in dem das Eigentümliche unseres Ichs, die prätendierte Freiheit unsres Willens, mit dem notwendigen Gang des Ganzen zusammenstößt. Unser verdorbner Geschmack aber umnebelt dergestalt unsere Augen, dass wir fast eine neue Schöpfung nötig haben, uns aus dieser Finsternis zu entwickeln. [...]

Die meisten von diesen Herren stoßen auch besonders an seinen Charakteren an.

Und ich rufe Natur! Natur! nichts so Natur als Shakespeares Menschen.

Da hab' ich sie alle überm Hals.

Lasst mir Luft, dass ich reden kann!

Er wetteiferte mit dem Prometheus, bildete ihm Zug vor Zug seine Menschen nach, nur in kolossalischer Größe; darin liegt's, dass wir unsre Brüder verkennen; und dann belebte er sie alle mit dem Hauch seines Geistes, er redet aus allen, und man erkennt ihre Verwandtschaft.

Und was will sich unser Jahrhundert unterstehen, von Natur zu urteilen? Wo sollten wir sie her kennen, die wir von Jugend auf alles geschnürt und geziert an uns fühlen und an andern sehen. Ich schäme mich oft vor Shakespearen, denn es kommt manchmal vor, dass ich beim ersten Blicke denke, das hätt' ich anders gemacht! Hintendrein erkenn' ich, dass ich ein armer Sünder bin, dass aus Shakespearen die Natur weissagt, und dass meine Menschen Seifenblasen sind, von Romanengrillen aufgetrieben. [...]

Auf, meine Herren! trompeten Sie mir alle edle Seelen aus dem Elysium des so genannten guten Geschmacks, wo sie schlaftrunken in langweiliger Dämmerung halb sind, halb nicht sind, Leidenschaften im Herzen und kein Mark in den Knochen haben, und weil sie nicht müde genug zu ruhen und doch zu faul sind, um tätig zu sein, ihr Schattenleben zwischen Myrten und Lorbeergebüschen verschlendern und vergähnen.

J. W. Goethe

Johann Wolfgang Goethe: Regeln für Schauspieler. 1803, in: Eduard Scharrer-Sauten: Die Weimarsche Dramaturgie. Leipzig 1927, S. 15–19

M 2

Regeln für Schauspieler

§ 1.

Wenn mitten in einer tragischen Rede sich ein Provinzialismus eindrängt, so wird die schönste Dichtung verunstaltet und das Gehör des Zuschauers beleidigt. Das ist das Erste und Notwendigste für den sich bildenden Schauspieler, dass er sich von allen Fehlern des Dialekts befreie und eine vollständige, reine Aussprache zu erlangen suche. Kein Provinzialismus taugt auf die Bühne! Dort herrsche nur die reine deutsche Mundart, wie sie durch Geschmack, Kunst und Wissenschaft ausgebildet und verfeinert worden.

§ 2.

Wer mit Angewohnheiten des Dialekts zu kämpfen hat, halte sich an die allgemeinen Regeln der deutschen Sprache und suche das neu Anzuübende recht scharf, ja schärfer auszusprechen, als es eigentlich sein soll. Selbst Übertreibungen sind in diesem Falle zu raten, ohne Gefahr eines Nachteils; denn es ist der menschlichen Natur eigen, dass sie immer gern zu ihren alten Gewohnheiten zurückkehrt und das Übertriebene von selbst ausgleicht.

§ 14.

Um es in der Aussprache zur Vollkommenheit zu bringen, soll der Anfänger alles sehr langsam, die Silben und besonders die Endsilben stark und deutlich aussprechen, damit die Silben, welche geschwind gesprochen werden müssen, nicht unverständlich werden.

§ 35.

Zunächst bedenke der Schauspieler, dass er nicht allein die Natur nachahmen, sondern sie auch idealisch vorstellen solle und er also in seiner Darstellung das Wahre mit dem Schönen zu vereinigen habe.

§ 39.

Sie sollen daher auch nicht aus missverstandener Natürlichkeit untereinander spielen, als wenn kein Dritter dabei wäre; sie sollen nie im Profil spielen noch den Zuschauern den Rücken zuwenden. Geschieht es um des Charakteristischen oder um der Notwendigkeit willen, so geschehe es mit Vorsicht und Anmut.

§ 56.

Die malende Gebärde mit der Hand gegen die Brust, sein eigenes Ich zu bezeichnen, geschehe so selten als nur immer möglich, und nur dann, wenn es der Sinn unbedingt fordert, als z. B. in folgender Stelle der „Braut von Messina“:

Ich habe keinen Hass mehr mitgebracht,
Kaum weiß ich noch, warum wir blutig stritten.

Hier kann das erste Ich füglich mit der malenden Gebärde durch Bewegung der Hand gegen die Brust bezeichnet werden.

Diese Gebärde aber schön zu machen, so bemerke man: dass der Ellbogen zwar vom Körper getrennt werden und so der Arm gehoben, doch nicht weit ausfahrend die Hand an die Brust hinaufgebracht werden muss. Die Hand selbst decke nicht mit der ganzen Fläche die Brust, sondern bloß mit dem Daumen und dem vierten Finger werde sie berührt. Die andern drei dürfen nicht aufliegen, sondern gebogen über die Rundung der Brust, gleichsam dieselbe bezeichnend, müssen sie gehalten werden.

§ 74.

Der Schauspieler lasse kein Schnupftuch auf dem Theater sehen, noch weniger schnaube er die Nase, noch weniger spucke er aus. Es ist schrecklich, innerhalb eines Kunstprodukts an diese Natürlichkeiten erinnert zu werden. Man halte sich ein kleines Schnupftuch, das ohnedem jetzt Mode ist, um sich damit im Notfalle helfen zu können.

§ 87.

Wie die Auguren mit ihrem Stab den Himmel in verschiedene Felder teilten, so kann der Schauspieler in seinen Gedanken das Theater in verschiedene Räume teilen, welche man zum Versuch auf dem Papier durch rhombische Flächen vorstellen kann. Der Theaterboden wird alsdann eine Art von Damenbrett; denn der Schauspieler kann sich vornehmen, welche Casen er betreten will; er kann sich solche auf dem Papier notieren und ist alsdann gewiss, dass er bei leidenschaftlichen Stellen nicht kunstlos hin und wider stürmt, sondern das Schöne zum Bedeutenden gesellet.

Johann Wolfgang Goethe: Regeln für Schauspieler. 1803, in: Eduard Scharrer-Sauten: Die Weimarsche Dramaturgie. Leipzig 1927, S. 241 ff.

M 3

Hamburgische Dramaturgie

Die Namen von Fürsten und Helden können einem Stücke Pomp und Majestät geben; aber zur Rührung tragen sie nichts bei. Das Unglück derjenigen, deren Umstände den unsrigen am nächsten kommen, muss natürlicherweise am tiefsten in unsere Seele dringen; und wenn wir mit Königen Mitleiden haben, so haben wir es mit ihnen als mit Menschen, und nicht als mit Königen. Macht ihr Stand schon öfters ihre Unfälle wichtiger, so macht er sie darum nicht interessanter.

Was liegt daran, welches der Rang, der Geschlechtsname, die Geburt des Unglücklichen ist, den seine Gefälligkeit gegen unwürdige Freunde und das verführerische Beispiel ins Spiel verstricket, der seinen Wohlstand und seine Ehre darüber zugrunde gerichtet, und nun im Gefängnisse seufzet, von Scham und Reue zerrissen? Wenn man fragt, wer er ist; so antworte ich: er war ein ehrlicher Mann, und zu seiner Marter ist er Gemahl und Vater; seine Gattin, die er liebt und von der er geliebt wird, schmachtet in der äußersten Bedürfnis und kann ihren Kindern, welche Brot verlangen, nichts als Tränen geben. Man zeige mir in der Geschichte der Helden eine rührendere, moralischere, mit einem Worte, tragischere Situation! Und wenn sich endlich dieser Unglückliche vergiftet; wenn er, nachdem er sich vergiftet, erfährt, dass der Himmel ihn noch retten wollen: was fehlet diesem schmerzlichen und fürchterlichen Augenblicke, wo sich zu den Schrecknissen des Todes marternde Vorstellungen, wie glücklich er habe leben können, gesellen; was fehlt ihm, frage ich, um der Tragödie würdig zu sein? Das Wunderbare, wird man antworten. Wie? Findet sich denn nicht dieses Wunderbare genugsam in dem plötzlichen Übergange von der Ehre zur Schande, von der Unschuld zum Verbrechen, von der süßesten Ruhe zur Verzweiflung: kurz, in dem äußersten Unglücke, in das eine bloße Schwachheit gestürzet?"

Man lasse aber diese Betrachtungen den Franzosen, von ihren Diderots und Marmontels, noch so eingeschärft werden: es scheint doch nicht, dass das bürgerliche Trauerspiel darum bei ihnen besonders in Schwang kommen werde. Die Nation ist zu eitel, ist in Titel und andere äußerliche Vorzüge zu verliebt; bis auf den gemeinsten Mann will alles mit Vornehmern umgehen; und Gesellschaft mit seinesgleichen ist so viel als schlechte Gesellschaft.

G. E. Lessing: Hamburgische Dramaturgie, in: Lessings Werke. Frankfurt/M. 1967, S. 176–78.

M 4

Die Technik des Dramas

Die dramatische Person soll menschliche Natur darstellen, nicht wie sie sich tätig und gefühlvoll in ihrer Umgebung regt und spiegelt, sondern ein großartig und leidenschaftlich bewegtes Innere, welches danach ringt, sich in die Tat umzusetzen, Wesen und Tun anderer umgestaltend zu leiten. [...]

Aber die Charaktere, welche durch die Poesie und ihre helfenden Künste vorgeführt werden, vermögen ihr inneres Leben nur zu betätigen an einem Geschehenden, als Teilnehmer an einer Begebenheit, deren Verlauf und innerer Zusammenhang durch die dramatischen Vorgänge in der Seele der Helden dem Zuhörer deutlich wird. Diese Begebenheit, wenn sie nach den Bedürfnissen der Kunst zugerichtet ist, heißt die Handlung. [...]

Die Handlung des ernsten Dramas muss folgende Eigenschaften haben:

Sie muss eine fest geschlossene Einheit bilden.

Dies berühmte Gesetz hat bei Griechen und Römern, bei Spaniern und Franzosen, bei Shakespeare und den Deutschen sehr verschiedene Anwendung erfahren, welche zum Teil durch die Kunstgelehrten, zum Teil durch die Beschaffenheit der Bühnen veranlasst wurde. Das Verengen seiner Forderung durch die französischen Klassiker und der gegen die drei Einheiten von Ort, Zeit, Begebenheit geführte Kampf der Deutschen haben für uns nur noch ein literarhistorisches Interesse. [...]

Aber auch das Leben von Privatpersonen ist seit Jahrhunderten aus dem äußeren Zwange bestimmender Überlieferung herausgehoben, mit Adel und innerer Freiheit, mit kräftigen Gegensätzen und Kämpfen angefüllt. Überall, wo in der Wirklichkeit ein Kreis weltlicher Ziele und Handlungen von der Zeitbildung durchdrungen ist, vermag aus seiner Lebenslust ein tragischer Held herauszuwachsen. Es

kommt nur darauf an, ob ihm ein Kampf möglich ist, welcher nach der gemeingültigen Empfindung der Zuschauer ein großes Ziel hat und ob das Gegenspiel eine entsprechende, achtungswerte Tätigkeit entwickelt. Da aber die Wichtigkeit und Größe des Kampfes nur dadurch eindringlich gemacht werden kann, dass der Held die Fähigkeit besitzt, sein Inneres in großartiger Weise mit einer gewissen Reichlichkeit der Worte auszudrücken, und da diese Forderungen bei solchen Menschen, welche dem Leben der Neuzeit angehören, sich steigern, so wird auch dem modernen Helden auf der Bühne ein tüchtiges Maß seiner Zeitbildung unentbehrlich sein. Denn nur dadurch erhält er innere Freiheit. Deshalb sind solche Klassen der Gesellschaft, welche bis in unsere Zeit unter dem Zwang epischer Verhältnisse stehen, deren Leben vorzugsweise durch die Gewohnheiten ihres Kreises gerichtet wird, welche noch unter dem Druck solcher Zustände dahinsiechen, die der Hörer übersieht und als ein Unrecht verurteilt, solche endlich, welche nicht vorzugsweise befähigt sind, Empfindungen und Gedanken schöpferisch in Rede umzusetzen, zu Helden des Dramas nicht gut verwendbar, wie kräftig auch in diesen Naturen die Leidenschaft arbeite, wie naturwüchsig stark ihr Gefühl in einzelnen Stunden hervorbreche.
Aus dem Gesagten folgt, dass das Trauerspiel darauf verzichten muss, seine Bewegung auf Motive zu gründen, welche von der Empfindung der Zuschauer als kläglich, gemein oder als unverständig verurteilt werden. Auch dergleichen Beweggründe vermögen einen Mann in den heftigsten Kampf mit seiner Umgebung zu treiben, aber die dramatische Kunst wird, im ganzen betrachtet, nicht imstande sein, solche Gegensätze zu verwerten. Wer aus Gewinnsucht raubt, stiehlt, mordet, fälscht, wer aus Feigheit ehrlos handelt, wer aus Dummheit und Kurzsichtigkeit, aus Leichtsinn und Gedankenlosigkeit kleiner und schwächer wird, als die Verhältnisse ihn fordern, der ist als Held eines ernsten Dramas völlig unbrauchbar.
Wenn vollends ein Dichter die Kunst dazu entwürdigen wollte, gesellschaftliche Verbildungen des wirklichen Lebens, Gewaltherrschaft der Reichen, die gequälte Lage Gedrückter, die Stellung der Armen, welche von der Gesellschaft fast nur Leiden empfangen, streitlustig und tendenzvoll zur Handlung eines Dramas zu verwerten, so würde er durch solche Arbeit wahrscheinlich die Teilnahme seiner Zuschauer lebhaft erregen, aber diese Teilnahme würde am Ende des Stückes in einer quälenden Verstimmung untergehen. Die Schilderung der Gemütsvorgänge eines gemeinen Verbrechers gehört in den Saal des Schwurgerichts, die Sorge um Besserung der armen und gedrückten Klassen soll ein wichtiger Teil unserer Arbeit im wirklichen Leben sein, die Muse der Kunst ist keine barmherzige Schwester.

Was ist tragisch?
Es ist bekannt, wie emsig seit Lessing der deutsche Dichter bemüht war, jene geheimnisvolle Eigenschaft des Dramas zu ergründen, welche man das Tragische nannte. Es sollte der Niederschlag sein, welchen die sittliche Weltanschauung des Dichters in dem Stücke absetzt, und der Dichter sollte auch durch sittliche Wirkungen ein Bildner seiner Zeit werden; es sollte eine ethische Kraft sein, womit der Dichter Handlung und Charaktere zu füllen hat, und man war in diesem Falle nur verschiedener Meinung über das Wesen des dramatischen Ethos. Die Ausdrücke tragische Schuld, innere Reinigung, poetische Gerechtigkeit sind bequeme Schlagwörter der Kritik geworden, bei denen man so Verschiedenes denkt. Darin aber war man einig, dass die tragische Wirkung des Dramas von der Art und Weise abhänge, wie der Dichter seine Charaktere durch die Handlung führt, ihnen das Schicksal zuteilt, den Kampf ihres einseitigen Begehrens gegen die widerstrebenden Kräfte leitet und endigt.

Gustav Freytag: Die Technik des Dramas. Darmstadt 1965, S. 20, 26, 58 f., 76

M 5

Über den Gebrauch des Chors

Und eben darum weil die wahre Kunst etwas reelles und objektives will, so kann sie sich nicht bloß mit dem Schein der Wahrheit begnügen; auf der Wahrheit selbst, auf dem festen und tiefen Grunde der Natur errichtet sie ihr ideales Gebäude.
Wie aber nun die Kunst ganz ideell und doch im tiefsten Sinne reell sein – wie sie das Wirkliche ganz verlassen und doch aufs genaueste mit der Natur übereinstimmen soll und kann, das ist's, was wenige fassen, was die Ansicht poetischer und plastischer Werke so schielend macht, weil beide Forderungen einander im gemeinen Urteil geradezu aufzuheben scheinen. [...]
Beide Forderungen stehen so wenig im Widerspruch miteinander, dass sie vielmehr – eine und dieselbe sind; dass die Kunst nur dadurch wahr ist, dass sie das Wirkliche ganz verlässt und rein ideell wird. Die Natur selbst ist nur eine Idee des Geistes, die nie in die Sinne fällt. Unter der Decke der Erscheinungen liegt sie, aber sie selbst kommt niemals zur Erscheinung. Bloß der Kunst des Ideals ist es verliehen, oder vielmehr es ist ihr aufgegeben, diesen Geist des Alls zu ergreifen, und in einer körperlichen Form zu binden. Auch sie selbst kann ihn zwar nie vor die Sinne, aber doch durch ihre schaffende Gewalt vor die Einbildungskraft bringen, und dadurch wahrer sein als alle Wirklichkeit und realer als alle Erfahrung. Es ergibt sich daraus von selbst, dass der Künstler kein einziges Element aus der Wirklichkeit brauchen kann, wie er es findet, dass sein Werk in allen seinen Teilen ideell sein muss, wenn es als ein Ganzes Realität haben und mit der Natur übereinstimmen soll. [...]
Durch Einführung einer metrischen Sprache ist man indess der poetischen Tragödie schon um einen großen Schritt näher gekommen. Es sind einige lyrische Versuche auf der Schaubühne glücklich durchgegangen, und die Poesie hat sich durch ihre eigene lebendige Kraft, im Einzelnen, manchen Sieg über das herrschende Vorurteil errungen. Aber mit den Einzelnen ist wenig gewonnen, wenn nicht der Irrtum im Ganzen fällt, und es ist nicht genug, dass man das nur als eine poetische Freiheit duldet, was doch das Wesen aller Poesie ist. Die Einführung des Chors wäre der letzte, der entscheidende Schritt – und wenn derselbe auch nur dazu diente, dem Naturalism in der Kunst offen und ehrlich den Krieg zu erklären, so sollte er uns eine lebendige Mauer sein, die die Tragödie um sich herumzieht, um sich von der wirklichen Welt rein abzuschließen, und sich ihren idealen Boden, ihre poetische Freiheit zu bewahren.

Friedrich Schiller: Über den Gebrauch des Chors, Vorwort zu: Die Braut von Messina, in: Schillers Werke. Bd. X der Nationalausgabe. Weimar 1980, S. 9–11

M 1

Traditionslinien (TA)

Goethe 1771

„Rede zum Shakespeare-Tag“
- Natur und Genie als Leitbegriffe
- gegen das regelmäßige Theater
- gegen französische Trauerspiele
- Vorzüge Shakespeares:
  - die äußere Form ist unstrukturiert,
  - sie wirkt auf den ersten Blick chaotisch, erfassbar nur vom kongenialen Gefühl eines rezipierenden Genies
  - genaue Beobachtung menschlicher Verhaltensweisen
  - Verallgemeinerung individueller Züge
- Thema: Auseinandersetzung der eigenen Person mit dem Weltganzen

Lessing 1767

„Die Hamburgische Dramaturgie“
- Mitleid ist nicht an den sozialen Stand gebunden, sondern betrifft den Menschen an sich
- das französische Trauerspiel hält aus Eitelkeit an Standesgrenzen fest,
- trotz der Anweisungen Diderots

⇓

Spitta

Goethe 1803

„Regeln für Schauspieler“
- Erziehung zu einem idealen deutschen Deklamationsstil
- gegen den Dialektgebrauch
- gegen die Naturnachahmung in der Körperbewegung
- Theaterspiel als Kunstprodukt: Leidenschaften sollen kunstvoll stilisiert werden
- rituelles Regelsystem statt „missverstandener Natürlichkeit“
- Wahrheit nur in der stilisierten Form des Schönen
- Thema: „das Schöne zum Bedeutsamen“ gepaart

Freytag 1871

„Die Technik des Dramas“
- großartige Leidenschaften werden in Handlung verdeutlicht
- Einheit der Handlung (Ort, Zeit, Begebenheit)
- Moderne Helden sollen innere Freiheit besitzen, daher können soziale Konflikte oder Pertsonen der Unterschicht nicht Thema der Tragödie sein
- tragische Wirkung ist abhängig von poetischer Gerechtigkeit

⇓

Hassenreuter

M 1

Berliner Tragikomödie (TA)

	Frau John	Hassenreuter
Lebensziel / Ansprüche	Mutterschaft als Möglichkeit der Sinngebung in einem unerfüllten Leben	den sozialen Abstieg umdrehen: vom Kostümverleiher den Wiederaufstieg zum Theaterleiter erleben
Werte	familiäres Glück als Ort der Sicherheit, Perspektive bürgerliche Behaglichkeit	Kultur als klassisches Bildungsgut, Patriotismus, Nationalismus (vorgespielt oder echt?)
	Widerspruch ↔ Diskrepanz	Übereinstimmung ↔ Korrespondenz
Mittel	Schmeichelei, Geld, Drohung, Gewalt bis hin zu Mord und Selbstmord ↓	Heuchelei, doppelte Moral, Bluff, Anpassung, Antichambrieren bei Hofe ↓
„Erfolg"	Konsequenter Abstieg bis in den Tod	Aufstieg zum Straßburger Theaterleiter
Haltung des Autors	„ein wahrhaft tragisches Verhängnis": Mitleid mit einer Figur, die – bedingt durch die sozialen Verhältnisse und eigenes Verschulden – untergeht *Sie haben neulich behauptet, dass unter Umständen ein Barbier oder eine Reinemachefrau aus der Mulackstraße ebenso gut ein Objekt der Tragödie sein könnte als Lady Macbeth und König Lear. (S. 54, Z. 4–7)* ↓	Entlarvung eines nur kommentierenden, nicht handelnden „Schmierendirektors" und Poseurs *SPITTA: Finden Sie nicht, dass hier ein wahrhaft tragisches Verhängnis wirksam gewesen ist?* *DIREKTOR HASSENREUTER:* *Die Frage ist nicht an Stände gebunden. Ich habe Ihnen das stets gesagt.* *(S. 113, Z. 28–31)* ↓
Dramengattung	**Tragödie**	**Komödie**

M 1

Tragikomische Stimmungswelt hat auch Hauptmann gelungenste Tragikomödie, „Die Ratten" (1911). [...] Zwei Welten treffen sich da unharmonisch in dem Dachgeschoss einer ehemaligen Kavalleriekaserne. Die Kostüme des Theaterfundus des Ex-Theaterdirektors Hassenreuter bauen eine Welt der heroischen und tragischen Größe auf; aber mit größter Sorgfalt wird als Kontrast das armselige Mietskasernenmilieu des Dachbodens, eine Welt der kleinlichen Enge und unfreiwilligen Lächerlichkeit gezeichnet. Berliner Straßenlärm, Kindergeschrei, Leierkastenmusik, Laster, niedrigste Verbrechen, komische Figuren und „Bassermannsche Gestalten" dringen in die Rumpelkammer, in der die lorbeerbekränzte Karl-Moor-Fotografie und die Kostüme hängen, „gemacht, die Träume der Dichter zu veranschaulichen" (V, 545). Diese Welten werden in ihrem ständigen Zugleich aneinander gemessen, was besonders der Schauspielerin Alice Rütterbusch bewusst wird [...], und so relativieren sie sich gegenseitig zum synthetischen Gefühlseindruck des Tragikomischen. Das skurrile Berliner Vorstadtmilieu und die erhaben heroische Welt der *Haute Tragédie* setzen sich durch ihre Inkommensurabilität ununterbrochen gegenseitig sowohl in tragisches wie auch komisches Licht. [...]
Ganz in den Charakter hinein genommen ist das Tragikomische bei dem ehemaligen Theaterdirektor Harro Hassenreuter, der für seine Kostümsammlung eben jenen Dachboden gemietet hat, wo Frau John die Piperkarcka trifft. Seine Komik, aber zugleich seine Tragik ist es, lediglich die Summe seiner „Rollen", seiner Masken zu sein, ohne einen eigenen substantiellen Wesenskern zu besitzen. In Hauptmanns Menschengestaltung ist diese Charakterproblematik in der Weise bewältigt, dass Hassenreuter keine eigene Sprache spricht, sondern sich unausgesetzt komisch in Zitaten und literarischen Anspielungen ergeht. [...]
[...] Frau John jedoch [...] kauft dem polnischen Dienstmädchen Piperkarcka ihr Kind ab und tut vor der Welt so, als sei es ihr eigenes. Dieser Schritt ist tiefernst motiviert durch den traumatisch wirkenden Tod des ersten Kindes, durch Frau Johns ständige Einsamkeit in der Berliner Mietskaserne, durch den rastlosen Fleiß im Verdienststreben, dessen Früchte nun nicht wildfremden Nutznießern in den Schoß fallen sollen [...] Ihre ganze Welt besteht oder zerbricht also mit der Erfüllung oder Verweigerung des Wunsches nach einem Kind. Das Mutterverlangen entspringt einer im potentiell Tragischen wurzelnden Existenz.

Karl S. Guthke: Geschichte und Poetik der deutschen Tragikomödie. Göttingen 1961, S. 260–265.

M 2

Sowohl die Vermehrung des Kleinbürgertums und dessen Satire, als auch die Auflösung des Wertsystems führen zur Entstehung eines tragikomischen Theaters, welches zugleich die Kritik an diesen Zuständen und eine Dramaturgie des Zweifels und des Unbehagens gestaltet. Parodie, Ambivalenz, groteske Paradoxie sind die Ausdrucksmittel einer Form, wo nicht mehr an eine mögliche Lösung im Sinne einer neuen Weltordnung geglaubt wird, worin aber auch wieder nicht verzweifelt oder verneint werden soll. Der klärende Schluss fehlt zwar, doch eben dadurch wird an die Reflexion des aktiven Zuschauers appelliert. Hauptmann hat auf diesem Weg zu einer neuen Form nicht weitergemacht. [...] Die Nachfolger waren, unter veränderten, aber nicht wesentlich verschiedenen Voraussetzungen, Horváth, Dürrenmatt und Ionesco. Dies allein schon zeigt, wie neuartig und tief schürfend jene Berliner Versuche von vor 1914 gewesen sind. Sie waren jedenfalls wegweisend für bedeutende Zielsetzungen des zeitgenössischen Theaters in seiner Auseinandersetzung mit Gesellschaftsstrukturen und Problemen,die damals auf der Berliner Bühne wohl zum ersten Mal so grell hervortraten.

Gérard Schneilin: Die Entwicklung des Tragikomischen in der Berliner Dramaturgie: Gerhart Hauptmanns „Ratten" und Sternheims „Bürger Schippel", in: Revue d'Allemagne XIV/2, April-Juni 1982, S. 311 f.

M 1

Wie katastrophal die Wohnungsverhältnisse im Stadtgebiet Berlin für die große Mehrzahl der Bevölkerung – nämlich die Arbeiterschaft und andere besitzlose Schichten – waren, enthüllten die Wohnungszählungen von 1900 bis 1905.
Berlin mit seinen 63,4 km^2 Fläche war zur dichtest besiedelten Stadt der Welt geworden, und die Arbeiterorte des Randgebietes (Rixdorf, Lichtenberg, Rummelsburg, Karlshorst, Ortsteile von Charlottenburg, die „Insel" in Schöneberg) waren auf dem besten Wege dazu. In Berlin kamen im Mittel 77 Bewohner auf ein Grundstück. 22,6 Prozent aller vorwiegend fünfgeschossigen Häuser wurden von 100 bis 300 Menschen bewohnt. 26 000 Wohnungen lagen im Keller. Die Wohnungsstatistik von 1905 weist aus, dass 788 809 Berliner – das sind eine Dreiviertelmillion Erwachsener und Kinder – in jeweils nur einer heizbaren Stube ohne Nebengelass oder überhaupt nur in einer „Wohnküche" zusammengepfercht lebten. In diesen als „mäßig" bis „stark übervölkert" bezeichneten Wohnlöchern kamen auf einen Raum drei, vier, sechs und mehr Personen. Zwei Drittel aller Volksschulkinder besaßen kein eigenes Bett, sondern schliefen zu zweit, auch zu dritt und zu viert. „Noch ungünstiger würden sich die Zahlen gestalten, wenn Sofa, Bettladen und ähnliche Schlafgelegenheiten besonders aufgezeichnet worden wären", sagte ein Schularzt. Noch 1914 stellte die Berliner Ortskrankenkasse fest, dass in rund 7000 Familien die „Bettverhältnisse ungenügend" seien, das heißt, dass Erwachsene und Kinder kein Bett für sich besaßen. Die Erhebung betraf ausschließlich Arbeiterfamilien. Der Bericht fügt, in völliger Überschätzung amtlicher Hilfsbereitschaft, hinzu: „Wären die Ursachen dieser furchtbaren Zustände allein in Not und krasser Armut zu suchen, so wäre leichter und mit geringen Mitteln Abhilfe zu schaffen; allein in außerordentlich vielen Fällen ist es nicht möglich, noch ein Bett aufzustellen, weil es an Platz mangelt." [...]
Beim Arbeiter verschlang die Wohnungsmiete mindestens einen Wochenlohn. Nach einem „Ratgeber für Bauunternehmer" kostete damals eine Zweizimmerwohnung der schlechtesten Bauklasse im vierten Stock eines Vorderhauses am Wedding oder im Berliner Osten pro Jahr 300 bis 400 Mark, also 25 bis 50 Mark monatlich. (Schon die 1901 beginnende Wirtschaftskrise brachte dann außer starkem Lohnrückgang und einer Verteuerung der Lebensmittel, Kohlen usw. eine neue Mietsteigerung.) Wie aber sahen die Einkünfte eines Facharbeiters in dieser „guten alten Zeit" aus? Ein Schlosser verdiente im Zeitlohn 21,40 Mark die Woche, ein Mechaniker 20,75 Mark, ein Maurer 24,35 Mark, ein Tischler 22,25 Mark im Durchschnitt. Das waren Spitzenlöhne. Außerdem konnten nur wenige Berufe mit durchgehender Beschäftigung rechnen; Bauarbeiter zum Beispiel mussten regelmäßig in den Wintermonaten „feiern". Eine Fabrikarbeiterin brachte um 1900 bei neun- bis überwiegend elfstündiger Arbeitszeit durchschnittlich 12,68 Mark in der Woche nach Hause. Damit konnte sie weder sich selbst ausreichend ernähren, geschweige denn ihre Kinder durchbringen oder sich gar eine anständige Wohnung leisten. Eine Zweizimmerwohnung war selbst für den Facharbeiter fast schon ein Luxus.

Annemarie Lange: Berlin zur Zeit Bebels und Bismarcks. Dietz Verlag, Berlin 1984, S. 89–92

M 1

„Von wat is se denn jestorbn?" „Unse Wohnung is zu naß!"

Zeichnung von Heinrich Zille

M 2 Ein Armenarzt berichtet 1890

Die Eichendorffstraße, dicht am Nordende der nordsüdlichen Hauptader Berlins, der Friedrichstraße, und am Stettiner Bahnhof gelegen, gehörte damals zum Quartier latin, das sich, wie mir scheint, seitdem mit der Verbesserung der Transporteinrichtungen immer mehr nach der Gegend des Zoologischen Gartens und dem Savigny-Platze hin verlegt hat. Das heißt, es gab dort viel Kleinbürgertum, namentlich von alten Leuten, die von der Vermietung der Zimmer an die Studenten lebten, und kolossal viel Prostitution. Es gab außerdem sehr viele Arbeiter, wenn auch nicht gerade von der alleruntersten Schicht der Lumpenproletarier; mehr Gelernte als Ungelernte.

Hier sah ich zum ersten Male mit immer wachsendem Verständnis und immer größerem Grauen in das Medusenantlitz der sozialen Frage. Es war eine Kleineleutepraxis, oft sogar eine Armeleutepraxis; es kam immer öfter vor, dass sich ganz arme Familien an mich statt an den offiziellen Armenarzt wendeten; das ganze Elend der Großstadt entblößte sich vor meinen Augen, und die soziale Bedingtheit so vieler Krankheiten drängte sich mir auf. Als Arzt der Sanitätswache hatte ich häufig die Folgen von schweren Schlägereien zu behandeln. [...]

Alle paar Wochen wurde ich in eines der finsteren kleinen Absteigequartiere jener Gegend gerufen, um einem Selbstmörderpaare die Totenscheine auszustellen; und ich hatte eine ganz regelmäßige Einnahme aus der Bescheinigung von blauen Flecken und derartigen kleinen Schäden, Attesten, die der erfolgreichen Anstrengung eines Prozesses dienen sollten. Entsetzliche Rohheit, beschämende Unbildung, grässliche Unwissenheit!

Und die übrige Praxis? An der Spitze marschierte die tödliche Seuche, die damals noch die Säuglinge der Großstadt mehr als zehntete: die Kindercholera, die Sommerdiarrhöe, die mir selbst vor langer Zeit meinen geliebten kleinen Bruder Georg geraubt hatte. Wir kannten die Ursache: verdorbene Milch und schlechte Luft in den überhitzten Mietskasernen, in die auch die Nacht keine Kühlung bringen konnte, weil die aneinander gedrängten Mauermassen nachts die Hitze ausströmten, die sie am Tage aufgesogen hatten. Vor allem in den engen Höfen mordete die Seuche. Ein berühmter Arzt sagte damals in bitterer Empörung: „Die armen Kinder werden erst auf dem Totenbette kühl." Wie viel Totenscheine habe ich ausgestellt für solche Würmchen, die ich vorher nie gesehen hatte! Der Tod hatte sie fast mit der Geschwindigkeit eines Blitzes dahingerafft. An zweiter Stelle kam der Zahl nach die Tuberkulose, namentlich in ihrer Gestalt als Lungenschwindsucht...

Gerhard A. Ritter u. Jürgen Kocka (Hg.): Deutsche Sozialgeschichte. Dokumente und Skizzen Bd. II: 1870–1914. München 1974, S. 248 f.

M 3

Soziale Unruhen

Die Erbitterung der Arbeiter nahm immer mehr zu, ganz besonders im Berliner Osten, in den dicht bewohnten Arbeiterquartieren um den Strausberger Platz, die Landsberger Straße, die Alexander-, Holzmarkt- und Lange Straße, den Küstriner Platz und die Friedenstraße. Hier wohnten neben armen Webern viele Färbereiarbeiter, die in den zahlreichen Farbholzfabriken und Holzfärbereien längs der Köpenicker Straße beschäftigt waren – einer Gegend also, in der, um mit dem Kommerzienrat Treibel zu sprechen, „kein blaues Blut" vorkam. Hier entlud sich der aufgespeicherte Zorn in spontanen Protestaktionen, die, wie schon einmal 1863 am Moritzplatz aus ähnlichem Anlass, bis zum Barrikadenbau führten.
Am Abend des 25. Juli 1872, einem Donnerstag, entstand ein Auflauf in der Blumenstraße, wo in Nr. 52 c ein armer Tischler (nach anderen Berichten ein Schuhmacher) soeben vom Exekutor auf die Straße gesetzt und sein Hausrat von Feuerwehrleuten weggeschafft worden war. Die erregte Menge warf dem Hauswirt die Fensterscheiben ein, „offenbar in Ausführung einer von dem daselbst hausenden Gesindel getroffenen Verabredung", wie es in der Darstellung eines Königlichen Polizeileutnants heißt. Um die Menschen auseinander zu treiben – ein Polizeibericht spricht von 4000 bis 5000 –, wurde berittene Polizei eingesetzt, die mit Steinwürfen empfangen wurde. Die Menschen ließen sich nicht vertreiben, vor allem, wie besonders betont wird, die Färbereiarbeiter nicht. Erst gegen drei Uhr morgens zerstreute sich die Menge.
Die Polizei tat das ihre, die Arbeiter zu reizen. Am folgenden Tag traten weitere Polizeikommandos in Aktion, deren Erscheinen allein schon genügt hätte, die Empörung zu steigern. Doch nicht genug damit: Vom Frankfurter Tor kam die Nachricht, dass dort Polizei in den Morgenstunden begonnen hatte, die Obdachlosenbaracken niederzureißen.
Der „Neue Social-Demokrat" berichtete am 31. Juli: „Der Jammer dieser Unglücklichen brachte das ganze Stadtviertel in Aufruhr. Der Krawall dehnte sich hierbei über die Blumenstraße, Frankfurter Straße, Weberstraße und deren Querstraßen aus; sein Zentrum befand sich an der Ecke der Blumen- und Krautstraße. Die Masse warf überall die Gaslaternen ein, hob die Rinnsteinbohlen aus und bildete aus denselben Barrikaden, die noch durch Haufen von Pflastersteinen befestigt wurden, welche bei der Hand waren, da in der Nähe gerade an einigen Stellen der Straßendamm repariert wurde. Es sprengte nun die ganze berittene Abteilung der Schutzmannschaft auf den Schauplatz der Unruhen, während gleichzeitig mehrere hundert Mann zu Fuß anrückten. Der Polizei wurde heftiger Widerstand entgegen gesetzt, aus vielen Häusern wurde mit Steinen, Flaschen und dergleichen auf sie geworfen. Aus den Fenstern eines Schanklokals in der Krautstraße wurde ein Steinbombardement auf die anrückenden Beamten eröffnet, die, um sich dort Eingang zu verschaffen, die verschlossene Haustür aufsprengten und mit Gewalt durch die Küchentür eindrangen. Aus einem anderen Haus der Krautstraße, wo selbst ein großer Droschkenhof befindlich, kam ein wahrer Steinregen auf die Schutzmannschaft und wurde dies Haus und Hof durch letztere gestürmt, wobei es viele Verwundungen gab."
Die Polizei verhaftete wild darauf los. Viele, darunter Greise und Kinder, waren durch Säbelhiebe verletzt. So wirkten am nächsten Tage die Plakate, die „bewaffnetes Einschreiten" ankündigten, besonders provozierend. Es sprach sich schnell herum, dass über 1000 Polizisten die umliegenden Straßen besetzt hielten und in den Kasernen zwei Bataillone des Kaiser-Alexander-Regiments und zwei Schwadronen der Gardedragoner mit scharfen Patronen zum Ausmarsch bereitstanden.

Annemarie Lange: Berlin zur Zeit Bebels und Bismarcks. Dietz Verlag, Berlin 1984, S. 134 f.

M 1

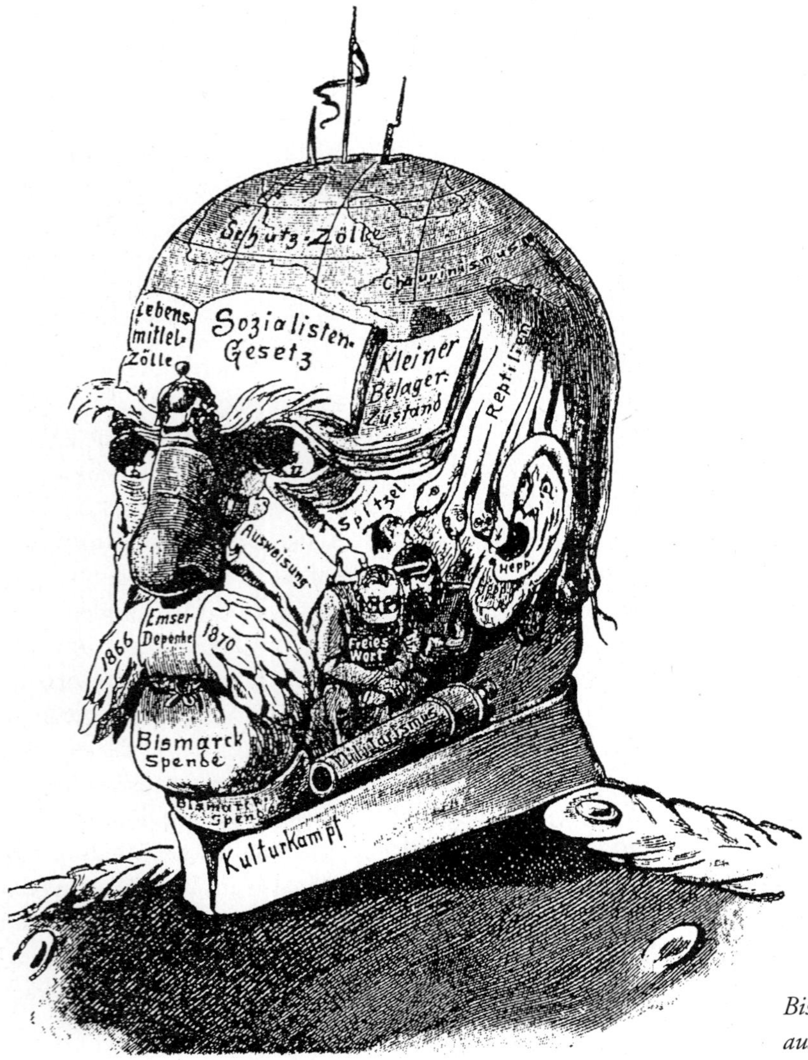

Bismarck ohne Maske. Karikatur aus dem „Wahren Jacob", 1878

M 2 Bismarcks Dilemma

Bismarck saß in der Klemme. Die Milliarden-Ära war vorüber. Wollte Deutschland als erster Militärstaat weiter an der Spitze Europas marschieren, mussten sofort neue Steuerquellen erschlossen werden, und dafür verlangten die durch die Wirtschaftskrise schwer aufgeregten und angeschlagenen Industriellen immer energischer Konzessionen auf dem Gebiete der Schutzzollgesetzgebung; dazu aber musste die Opposition der konservativen Großgrundbesitzer gebrochen werden. Bismarck war gewillt, jetzt aufs Ganze zu gehen. „Kornzoll gegen Eisenzoll" lautete die Devise, unter der die Wilhelmstraße ein Kartell zwischen „Schlot- und Landjunkern" zu vermitteln suchte – auf Kosten der Konsumenten, der arbeitenden Bevölkerung – und eine Umwälzung der gesamten Handels- und Wirtschaftspolitik in die Wege leitete. Diese Ausplünderung der Massen konnte nicht durchgeführt werden, wenn es nicht vorher gelang, die gesamte Nation einzuschüchtern und vor allem ihren aktionsbereitesten Teil, die Arbeiterschaft, gewaltsam zum Schweigen zu bringen. Darin waren sich Regierung und Großkapital durchaus einig.
Agrarische Schutzzölle aber richteten sich in erster Linie gegen Russland, und gerade außenpolitisch stand keineswegs alles zum Besten. Seit dem Berliner Kongress hatten sich die deutsch-russischen Beziehungen wesentlich verschlechtert und sollten im folgenden Jahr einen Tiefstand erreichen. Die zaristische Regierung war unzufrieden mit der Wilhelmstraße, zumal mit der Haltung der deutschen Vertreter in den internationalen Kommissionen zur Ausführung des Berliner Vertrags, die auf eine Einschränkung des russischen Übergewichts hinarbeiteten; und da war man in Petersburg empfindlich.

Annemarie Lange: Berlin zur Zeit Bebels und Bismarcks. Dietz Verlag, Berlin 1984, S. 394 f.

M 1

Das Sozialistengesetz 1878

Auszüge aus dem ‚Gesetz gegen die gemeingefährlichen Bestrebungen der Sozialdemokratie' vom 21. Oktober 1878.

Wir Wilhelm, von Gottes Gnaden Deutscher Kaiser, König von Preußen etc.
verordnen im Namen des Reichs, nach erfolgter Zustimmung des Bundesrats und des Reichstags, was folgt:

§ 1.

Vereine, welche durch sozialdemokratische, sozialistische oder kommunistische Bestrebungen den Umsturz der bestehenden Staats- oder Gesellschaftsordnung bezwecken, sind zu verbieten. Dasselbe gilt von Vereinen, in welchen sozialdemokratische, sozialistische oder kommunistische auf den Umsturz der bestehenden Staats- oder Gesellschaftsordnung gerichtete Bestrebungen in einer den öffentlichen Frieden, insbesondere die Eintracht der Bevölkerungsklassen gefährdenden Weise zu Tage treten.
Den Vereinen stehen gleich Verbindungen jeder Art.

§ 3.

Selbständige Kassenvereine (nicht eingeschriebene), welche nach ihren Statuten die gegenseitige Unterstützung ihrer Mitglieder bezwecken, sind im Falle des § 1 Abs. 2 zunächst nicht zu verbieten, sondern unter eine außerordentliche staatliche Kontrolle zu stellen. [...]

§ 9.

Versammlungen, in denen sozialdemokratische, sozialistische oder kommunistische auf den Umsturz der bestehenden Staats- oder Gesellschaftsordnung gerichtete Bestrebungen zu Tage treten, sind aufzulösen.
Versammlungen, von denen durch Tatsachen die Annahme gerechtfertigt ist, dass sie zur Förderung der im ersten Absatze bezeichneten Bestrebungen bestimmt sind, sind zu verbieten.
Den Versammlungen werden öffentliche Festlichkeiten und Aufzüge gleichgestellt.

§ 11.

Druckschriften, in welchen sozialdemokratische, sozialistische oder kommunistische auf den Umsturz der bestehenden Staats- oder Gesellschaftsordnung gerichtete Bestrebungen in einer den öffentlichen Frieden, insbesondere die Eintracht der Bevölkerungsklassen gefährdenden Weise zu Tage treten, sind zu verbieten.
Bei periodischen Druckschriften kann das Verbot sich auch auf das fernere Erscheinen erstrecken, sobald auf Grund dieses Gesetzes das Verbot einer einzelnen Nummer erfolgt.

§ 22.

Gegen Personen, welche sich die Agitation für die im § 1 Abs. 2 bezeichneten Bestrebungen zum Geschäfte machen, kann im Falle einer Verurteilung wegen Zuwiderhandlungen gegen die §§ 17 bis 20 neben der Freiheitsstrafe auf die Zulässigkeit der Einschränkung ihres Aufenthaltes erkannt werden. Auf Grund dieses Erkenntnisses kann dem Verurteilten der Aufenthalt in bestimmten Bezirken oder Ortschaften durch die Landespolizeibehörde versagt werden, jedoch in seinem Wohnsitze nur dann, wenn er denselben nicht bereits seit sechs Monaten inne hat. Ausländer können von der Landespolizeibehörde aus dem Bundesgebiete ausgewiesen werden. Die Beschwerde findet nur an die Aufsichtsbehörden statt.
Zuwiderhandlungen werden mit Gefängnis von einem Monat bis zu einem Jahr bestraft.

§ 30.

Dieses Gesetz tritt mit dem Tage der Verkündigung in Kraft und gilt bis zum 31. März 1881.*
Urkundlich unter unserer Höchsteigenhändigen Unterschrift und beigedrucktem Kaiserlichen Insiegel.
Gegeben Potsdam, den 21. Oktober 1878.
Im Allerhöchsten Auftrage Seiner Majestät des Kaisers:
(L. S.) Friedrich Wilhelm, Kronprinz.**
Fürst v. Bismarck.

* *Das Gesetz wurde dreimal – 1881, 1884 und 1887 – verlängert.*
** *Der Kronprinz unterschrieb, da der Kaiser auf Grund seiner schweren Verletzung durch das auf ihn verübte Attentat vom 2. Juni 1878 seine Regierungsfunktionen nicht ausüben konnte.*

Gerhard A. Ritter: Das deutsche Kaiserreich 1871–1914. Ein historisches Lesebuch. Göttingen 1975, S. 232–35

M 2

Auswirkungen des Sozialistengesetzes

Sobald das Gesetz verkündet und in Kraft getreten war, fielen die Schläge hageldicht. Binnen wenigen Tagen war die gesamte Parteipresse mit Ausnahme des Offenbacher Tageblatts und der Fränkischen Tagespost in Nürnberg unterdrückt. Das gleiche Schicksal teilte die Gewerkschaftspresse mit Ausnahme des Organs des Buchdruckerverbandes, des „Korrespondenten". Auch war der Verband der Buchdrucker, abgesehen von den Hirsch-Dunckerschen Vereinen, die einzige Gewerkschaftsorganisation, die von der Auflösung verschont blieb. Alle übrigen fielen dem Gesetz zum Opfer. Ebenso verfielen der Auflösung die zahlreichen lokalen sozialdemokratischen Arbeitervereine, nicht minder die Bildungs-, Gesang- und Turnvereine, an deren Spitze Sozialdemokraten standen.... Das Trümmerfeld des Zerstörten wurde erweitert durch die Verbote der nicht periodisch erscheinenden Literatur. Die Reihe der Verbote eröffnete das Berliner Polizeipräsidium. An der Spitze der ersten Leporelloliste von 84 Verboten stand wie zum Hohn Leopold Jacobys „Es werde Licht"...

Während wir so in voller Tätigkeit waren, aus den Trümmern, die das Sozialistengesetz uns bis dahin geschaffen hatte, zu retten, was zu retten möglich war, wurden wir am 29. November mit der Nachricht überrascht, dass am Abend zuvor der „Reichsanzeiger" eine Proklamation des Ministeriums veröffentlichte, wonach der kleine Belagerungszustand über Berlin verhängt wurde. Dieser Hiobsbotschaft folgte am nächsten Tage die Mitteilung, dass 67 unserer bekanntesten Parteigenossen, darunter J. Auer, Heinrich Rackow, F. W. Fritsche, Fischer, bis auf einen sämtliche Familienväter, ausgewiesen worden seien. Einige mussten binnen 24 Stunden die Stadt verlassen, die meisten anderen binnen 48 Stunden, einigen wenigen räumte man eine Frist von drei Tagen ein...

Damals gingen die Gerichte noch nicht so weit, Sammlungen für die Ausgewiesenen zu bestrafen, später aber, als die Behörden solche Sammlungen ausdrücklich auf Grund des Sozialistengesetzes verboten, wurde die Rechtsprechung eine andere. Wir mussten jetzt die Sammlungen ausschließlich für die Familien der Ausgewiesenen vornehmen...

Die fortgesetzten Ausweisungen und die Schikanierung der Ausgewiesenen durch die Polizei hatten aber einen Erfolg, den unsere Staatsretter nicht vorausgesehen. Durch die Verfolgungen aufs Äußerste erbittert, zogen sie von Stadt zu Stadt, suchten überall die Parteigenossen auf, die sie mit offenen Armen aufnahmen, und übertrugen jetzt ihren Zorn und ihre Erbitterung auf ihre Gastgeber, die sie zum Zusammenschluss und zum Handeln anfeuerten. Dadurch wurde eine Menge örtlicher geheimer Verbindungen geschaffen, die ohne die Agitation der Ausgewiesenen kaum entstanden wären.

August Bebel: Aus meinem Leben. Berlin 1980 (6. Aufl.), S. 520–526

M 1

Karikatur auf die „Freie Bühne" von Ernst Retemeyer, 1890

M 2

Vorwort zu „Fräulein Julie"

1. Das Theater, wie die Kunst überhaupt, scheint mir schon lange eine *Biblia pauperum* zu sein, eine Bibel in Bildern für diejenigen, die Geschriebenes oder Gedrucktes nicht lesen können, und der Theaterschriftsteller ein Laienprediger, der die Gedanken der Zeit in populärer Form kolportiert, so populär, dass die Mittelklasse, die hauptsächlich das Theater bevölkert, ohne viel Kopfzerbrechen begreifen kann, worum es geht. Das Theater ist darum von jeher eine Volksschule für Jugend, Halbgebildete und Frauen, die noch die niedrigere Fähigkeit besitzen, sich selbst zu betrügen und sich betrügen zu lassen, das heißt, Illusion zu akzeptieren, die Suggestion vom Verfasser anzunehmen. Darum scheint mir in unserer Zeit, in der das rudimentäre, unvollständige Denken, das durch die Phantasie vor sich geht, sich offenbar zu Reflexion, Untersuchung, Prüfung entwickelt, als sei das Theater, ebenso wie die Religion, auf dem besten Wege, als eine aussterbende Form abgelegt zu werden, zu deren Genuss uns die erforderlichen Bedingungen fehlen. Für diese Annahme spricht die allgemeine Theaterkrise, die jetzt ganz Europa beherrscht, und nicht zuletzt der Umstand, dass in den Kulturländern, die die größten Denker des Zeitalters hervorgebracht haben, nämlich England und Deutschland, die Dramatik tot ist, ebenso wie zum größten Teil die übrigen schönen Künste. […]
2. Im vorliegenden Drama habe ich versucht, nicht etwas Neues zu machen – denn das kann man nicht –, sondern nur, die Form den Forderungen entsprechend zu modernisieren, die, wie ich vermute, die neuen Menschen der Zeit an diese Kunst stellen würden. Und zu diesem Zweck habe ich ein Motiv gewählt oder mich von ihm ergreifen lassen, von dem man sagen kann, dass es außerhalb der Parteienkämpfe des Tages liegt, weil das Problem vom sozialen Aufstieg oder Fall, von Höher oder Niedriger, Besser oder Schlechter, Mann oder Frau, von dauerndem Interesse ist, war und bleiben wird. […]
3. Ein Ereignis im Leben – und dies ist eine ziemlich neue Entdeckung! – wird gewöhnlich von einer

ganzen Reihe mehr oder weniger tief liegender Motive hervorgerufen, doch der Zuschauer wählt meist das, das für sein Urteil am leichtesten begreiflich und für die Ehre seines Urteilsvermögens am vorteilhaftesten ist. Hier wird ein Selbstmord begangen. Schlechte Geschäfte! sagt der Bürger. – Unglückliche Liebe! sagen die Frauenzimmer. – Körperliche Krankheit! der Kranke. – Enttäuschte Hoffnungen! der Gestrandete. Nun kann es aber sein, dass das Motiv überall lag, oder nirgends, und dass der Verstorbene das Grundmotiv verborgen hat, indem er ein ganz anderes vorschob, das über sein Andenken das beste Licht warf!

4. Fräulein Julies trauriges Schicksal habe ich durch eine ganze Anzahl von Umständen motiviert: die Grundinstinkte der Mutter; die unrichtige Erziehung des Mädchens durch den Vater; eigenes Naturell und die Suggestionen des Verlobten auf das schwache degenerierte Gehirn; ferner und näher: die festliche Stimmung in der Mittsommernacht; die Abwesenheit des Vaters; ihre Menstruation; die Beschäftigung mit den Tieren; der erregende Einfluss des Tanzes; die Dämmerung der Nacht; der starke aphrodisische Einfluss der Blumen; und schließlich der Zufall, der die beiden in einem abgeschiedenen Raum zusammentreibt, plus der Zudringlichkeit des erregten Mannes. [...]
5. Ich glaube [...] nicht an einfache Theatercharaktere. Und die summarischen Urteile der Autoren über die Menschen: der ist dumm, der ist brutal, der ist eifersüchtig, der ist knauserig usw. müssten abgelehnt werden von Naturalisten, die wissen, wie reich der Seelenkomplex ist, und die fühlen, dass das „Laster“ eine Kehrseite hat, die recht stark der Tugend gleicht.
   Als moderne Charaktere, in einer Übergangszeit lebend, mehr schnelllebig hysterisch als zumindest die vorangegangene, habe ich meine Figuren eher schwankend geschildert, zerrissen, aus Altem und Neuem gemischt, und es kommt mir nicht unwahrscheinlich vor, dass moderne Ideen durch Zeitungen und Gespräche selbst in die Schichten hinunter gesickert sind, in denen ein Domestik leben mag. [...]
6. Meine Seelen (Charaktere) sind Konglomerate vergangener Kulturstufen und bestehender, Brocken aus Büchern und Zeitungen, Stücke von Menschen, abgerissene Fetzen von Sonntagskleidern, die zu Lumpen geworden sind, ganz, wie die Seele zusammengeflickt ist. [...]
7. Die Schuld hat der Naturalist mit Gott gestrichen, die Folgen der Handlung aber, Strafe, Gefängnis, oder die Furcht davor, kann er nicht streichen, aus dem einfachen Grund, dass sie bestehen bleiben, ob er nun Décharge gibt oder nicht, denn die übervorteilten Mitmenschen sind nicht so gutmütig, wie die nicht übervorteilten, außenstehenden es billig sein können. [...]
8. Was den Dialog endlich angeht, habe ich mit der Tradition etwas gebrochen, indem ich meine Personen nicht zu Katecheten gemacht habe, die da sitzen und dumme Fragen stellen, um eine geistreiche Replik hervorzulocken. Ich habe das Symmetrische, Mathematische des französischen konstruierten Dialoges vermieden und die Gehirne unregelmäßig arbeiten lassen, wie sie es in der Wirklichkeit tun, wo in einem Gespräch ja kein Thema bis auf den Grund erschöpft wird, sondern das eine Gehirn vom anderen aufs Geratewohl einen Radzahn aufnimmt, in den es eingreifen kann. Und darum irrt auch der Dialog umher, versorgt sich in den ersten Szenen mit einem Material, das dann bearbeitet, aufgenommen, wiederholt, entfaltet, ergänzt wird, wie das Thema in einer musikalischen Komposition. [...]
9. Was nun die Dekoration angeht, habe ich bei der impressionistischen Malerei das Unsymmetrische, das Abgeschnittene entlehnt, und glaube, beim Hervorbringen der Illusion dadurch gewonnen zu haben; denn dadurch, dass man nicht den ganzen Raum und die ganze Einrichtung sieht, erhält man Gelegenheit zu ahnen, d. h. die Phantasie setzt sich in Bewegung und komplettiert. Auch das habe ich gewonnen, dass ich die ermüdenden Abgänge durch Türen vermeide, zumal die Türen im Theater aus Leinwand sind und bei leichter Berührung schaukeln, und nicht einmal die Fähigkeit besitzen, dem Zorn eines erbosten Familienvaters Ausdruck zu geben, wenn er nach einem schlechten Essen hinausgeht und die Tür zuknallt, „dass das ganze Haus bebt“. (Im Theater schaukelt es.) [...]
10. Doch ist nichts schwerer, als ein Zimmer zu bekommen, das ungefähr wie ein Zimmer aussieht, wie leicht auch der Maler feuerspeiende Berge und Wasserfälle machen kann. Meinetwegen dürfen die Wände aus Stoff bleiben, doch Regale und Küchengeräte auf den Stoff zu malen, damit könnte es wohl an der Zeit sein aufzuhören. Wir haben so viel anderes Konventionelles auf der Bühne, woran wir glauben sollen, dass uns die Überanstrengung erspart bleiben könnte, an gemalte Kasserollen zu glauben.

August Strindberg: Vorwort zu „Fräulein Julie“ in: August Strindbergs Werke in zeitlicher Folge. Fünfter Band 1887–1888. Frankfurt/M. 1984, S. 759–773

M 1

Positionen des Naturalismus

Absatz	August Strindberg: Vorwort zu „Frl. Julie“	Gerhart Hauptmann: „Die Ratten“
1	Das Theater ist eine aussterbende Form	–
2	Notwendig ist eine Modernisierung der Form	Tragikomödie, d. h. der „Gegensatz zweier Welten“ als Modernisierungsprinzip
3	gegen monokausale Erklärungen für das Schicksal von Menschen	Verknüpfung von individuellen und sozialen Motiven im Schicksal von Frau John
4	Motivbündel für das Scheitern von Frl. Julie: – Grundinstinkte der Mutter – falsche Erziehung durch den Vater – eigenes Naturell – Suggestionen des Verlobten – Atmosphärische Spannungen (Mittsommernacht, Tanz, Blumen, Dämmerung der Nacht) – Menstruation – Beschäftigung mit Tieren – Bedeutung des Zufalls	Entsprechungen im Schicksal von Frau John: – „Mutterliebe“ – – instinktives Verhalten – – Atmosphäre des Dachbodens (Gespenster, Zwielicht / Dämmerzustand) – – Ratten – Zufallsbegegnung Frau John – Piperkarcka
5	gegen die typisierende Gestaltung der Figuren; für gemischte Charaktere	Frau John ist als gemischter Charakter angelegt
6	Charaktere als Konglomerate vergangener Kulturstufen, zusammengesetzt aus disparatem Wissen	Hassenreuter und Spitta bieten sich dafür als anschauliche Beispiele (vgl. ihr Kunstgespräch)
7	Schuld im religiösen Sinne gibt's nicht mehr, die Folgen von Handlungen bleiben jedoch	Frau Johns Verhalten bleibt nicht folgenlos – sie begeht Selbstmord
8	Dialoge müssten unregelmäßig verlaufen wie die Arbeit des Gehirns	Sprach-/Dialoggestaltung des Dramas entsprechen dieser Forderung
9	Die Dekoration soll natürlich sein, um die Phantasie anzuregen; Einflüsse der frz. Impressionisten	siehe Regieanweisungen Hauptmanns
10	Die Requisiten sollen echt sein, um den Zuschauern das Gefühl von Wirklichkeit zu vermitteln	siehe Regieanweisungen Hauptmanns

M 1

Der „Konsequente Naturalismus“

Als am 20. Oktober 1889 der Theaterverein „Freie Bühne“ in Berlin, der kurz vor der Zeitschrift gleichen Namens gegründet worden war und sich an den Theaterexperimenten des Pariser „Théâtre libre“ von André Antoine orientiert hatte, Gerhart Hauptmanns dramatischen Erstling *Vor Sonnenaufgang* als zweites Stück auf die Bühne brachte, da stellte sich endlich der große Eklat ein, den die Naturalisten sich immer gewünscht hatten. Die erste Vorstellung des Vereins fand am 29. September statt: Ibsen, *Stützen der Gesellschaft*. Danach unter anderem: E. und J. de Goncourt, *Henriette Maréchal*; Tolstoj, *Macht der Finsternis*; Anzengruber, *Das 4. Gebot*, Strindberg, *Der Vater*; Zola, *Thérèse Raquin*. Wenn auch Werke von Holz/Schlaf *(Die Familie Selicke)* und von Hartleben *(Angele)* aufgenommen wurden, so stand Hauptmann doch im Vordergrund. [...]

Die Zuschauer der Hauptmannschen Aufführung schwankten zwischen heftigster Ablehnung und begeisterter Zustimmung. Die einen nannten von jetzt an die Naturalisten „Schnapsbudenrhapsoden“ und empörten sich über die „Schweinerei“; andere wie Theodor Fontane, hoch geachteter Kritiker der *Vossischen Zeitung*, glaubten dagegen, einen Ibsen in Hauptmann wiederzuerkennen. Bei allen widerstreitenden Meinungen ist es auffällig, wie stark durch dieses Drama die naturalistische Bewegung ins Bewusstsein breiterer Publikumsschichten gedrungen ist. [...]

Welche neuen Prioritäten für das Schauspiel gelten, hat Arno Holz in seinen theoretischen Schriften häufig ausgesprochen: „die Menschen auf der Bühne sind nicht der Handlung wegen da, sondern die Handlung der Menschen auf der Bühne wegen. Sie ist nicht der Zweck, sondern nur das Mittel. Nicht das Primäre, sondern nur das Sekundäre. Mit anderen Worten: nicht die Handlung ist also das Gesetz des Theaters, sondern die Darstellung von Charakteren“. [...]

Gerhart Hauptmann, der durch Holz' theoretische Reflexionen beeinflusst ist, hat ebenfalls mehr als einmal seine Verachtung der regelrechten Handlungsführung bekundet: „Erst Menschen, hernach das Drama“ (Tagebuch, 29. XI. 1898). Bei einer solchen Auffassung brauchen die Einzelteile des Dramas (Akte, Szenen) nicht mehr streng kausal und funktional geordnet zu sein, sondern können ein ausgeprägtes Eigenleben entwickeln, indem sie dem Zuschauer soziale Zustände oder die dramatis personae in jeweils verschiedener Perspektive vorführen.

Bei ihrer Entscheidung für den Primat der Charaktere konnten die Naturalisten auch aus der deutschen Literaturgeschichte Eideshelfer zitieren. So ist Georg Büchner, über den Hauptmann 1887 im Verein „Durch“ einen Vortrag hielt, von den Naturalisten wieder entdeckt und als Vorbild akzeptiert worden. In Hauptmanns Drama aus der Berliner Hinterhofwelt *Die Ratten* (1911) führt der Schauspielschüler Spitta, als Vertreter der „Moderne“, gegen seinen konservativen Lehrer, den Theaterdirektor Hassenreuter, seine literarischen Vorbilder an: „Und wenn sich das deutsche Theater erholen will, so muss es auf den jungen Schiller, den jungen Goethe des ‚Götz‘ und immer wieder auf Gotthold Ephraim Lessing zurückgreifen: dort stehen Sätze, die der Fülle der Kunst und dem Reichtum des Lebens angepasst, die der Natur gewachsen sind“ (3. Akt; andere Naturalisten hätten vielleicht noch Shakespeare und Jakob Michael Reinhold Lenz hinzugesetzt). [...]

Die Autoren wollten [...] nur die begrenzte Welt ihrer literarischen Figuren einfangen, um die Intensität des Milieus und die damit verbundenen Einflüsse hervortreten zu lassen. Um eine glaubhafte Milieuskizze bieten zu können, haben die Naturalisten eingehende Studien betrieben. [...]

Die Sprache sollte nicht nur mit ihren grammatikalischen Fehlformen, alogischen, assoziativen und schichtenspezifischen Redeformen, mit Stammeln und vielfältigen Sprechgebärden lebendig wirken, sondern vielfach wird sie noch durch Dialektformen verstärkt.

Da die Naturalisten an einer gesellschaftlichen Analyse interessiert waren – im Drama ist ihnen das ungleich besser gelungen als in der Prosa –, musste sich ihre Aufmerksamkeit mehr auf das Zusammenleben sozialer Schichten und die damit verbundenen Probleme konzentrieren. Man könnte Karl Gutzkows Wort über den Roman abwandeln und von einem „Drama des Nebeneinander“ sprechen, denn im schillernden Spektrum der Personen sollten die ökonomischen, sozialen, psychologischen, moralischen und politischen Probleme in unterschiedlicher Perspektive und Ausleuchtung sichtbar werden.

Einmal griffen die Naturalisten auf die bewährte Form der Familiendramen zurück. Bewusst stellten sie sich in die Tradition des durch soziales Engagement gekennzeichneten Bürgerlichen Trauerspiels, wie sie es bei Gotthold Ephraim Lessing, Jakob Michael Reinhold Lenz, Friedrich Schiller, Georg

Büchner, Friedrich Hebbel kennen gelernt hatten. Besonders wirksam wurden die Dramen Henrik Ibsens, in denen gesellschaftliche Spannungen und Widersprüche gern in die bürgerliche Familie projiziert werden, um damit die Brüchigkeit überlieferter sozialer Institutionen in einer sich wandelnden Zeit aufzuweisen.

Viele Dramen des deutschen Naturalismus greifen die bei Ibsen vorherrschende Thematik der bürgerlichen „Lebenslüge" und der Entfremdungstendenzen in der Kleinfamilie auf, indem sie den Autoritätsverlust des Mannes, die Emanzipationsbestrebungen der Frau und die Gehorsamsverweigerungen der Kinder in den Blickpunkt rücken. [...]

Wie stark die Naturalisten, trotz gegenteiliger Beteuerungen, noch der bürgerlichen Tradition verpflichtet sind, zeigen die Themen ihrer Dramen, die sich nur selten dem proletarischen Milieu zuwenden, sondern meist in der bürgerlichen oder auch kleinbürgerlichen Sphäre verharren. Einzig Gerhart Hauptmann hat sich in einigen Dramen darum bemüht, die Welt des Arbeiters auf die Bühne zu bringen, neben den *Webern* besonders in *Die Ratten* (1911). Aber typischerweise erleben wir hier wiederum nur den häuslichen Bereich des Maurerpoliers John, während die Arbeitswelt ausgespart bleibt. [...]

Wie sehr das naturalistische Drama dennoch die Theaterwelt verändert hat, lässt sich besonders einprägsam an der neuen Aufführungstechnik belegen, die diese Stücke zwangsläufig forderten.

Um ihrem Wunsch nach exakter und objektiver Darstellung Nachdruck zu verleihen, haben die Dramatiker neben dem „nackten" Dialoggerüst viel episches „Beiwerk" geliefert, um ihre Intentionen an den Leser, aber besonders an den Regisseur weiterzugeben. [...]

War es schon seit den Aufführungen der Meininger Hofbühne, die durch Gastspielreisen in den siebziger und achtziger Jahren berühmt geworden war, üblich, historisch getreue Dekorationen zu verwenden – allerdings bestand das Repertoire im wesentlichen noch aus „klassischen" Stücken –, so steigerten die Naturalisten diese Tendenz noch, indem sie zum Beispiel für die einzelnen Akte genaue, bis ins Detail gehende Interieurskizzen anfertigten.

Helmut Scheuer: Der deutsche Naturalismus, in: Klaus von See (Hrsg.): Neues Handbuch der Literaturwissenschaft. Bd. 18 [Jahrhundertende – Jahrhundertwende. 1. Teil]. Aula Verlag, Wiesbaden 1976, S. 169–184

M 2

Zeitgenössische Karikatur um 1890

M 1

Die Angeklagte ist die Frau des Garderobiers M. in Rummelsburg. Die 1903 geschlossene Ehe blieb kinderlos. Als M. eines Abends aus seinem Dienst kam, fand er neben dem Bett seiner Frau in einem Korbe ein schreiendes Baby, welches sich als der sehnlichst erwartete Familienzuwachs herausstellte. In Wirklichkeit hatte es die Angeklagte schon monatelang vorher verstanden, einen gewissen Zustand vorzutäuschen, und hatte dann das Kind eines Dienstmädchens B. als ihr eigenes ausgegeben, ohne zu wissen, dass dieses schon in der Person des Lehrers Mudra in Rummelsburg einen Vormund erhalten hatte. Dieser zog Erkundigungen über den Verbleib des Kindes ein und erschien eines Tages in der Wohnung der Angeklagten. Diese schwebte von nun an in ständiger Furcht, dass die Sache entdeckt würde, und fasste einen abenteuerlichen Plan. Sie näherte sich einer Frau Engel, die ein etwa gleichaltriges Kind besaß, und machte sich mit ihr bekannt. Die Absicht der Angeklagten ging dahin, das Kind der E. zu rauben und dieses dann dem Vormund als das Kind des Dienstmädchens B. zu überbringen. Während Frau E. eines Tages ihrem Manne Essen nach seiner Arbeitsstätte trug, erschien die Angeklagte in deren Wohnung. Unter einem Vorwande schickte sie die beiden ältesten Söhne fort, die das kleine Kind beaufsichtigten, und eignete es sich an. Als Frau E. später nach Hause kam, vermisste sie sofort ihr Kind und schlug Lärm. Die Nachricht von dem Kindesraub verbreitete sich schnell in Rummelsburg, und bald belagerte eine Menschenmenge das Haus der Engel, die in ihrer Aufregung über den Verlust des Kindes völlig kopflos geworden war. Die Angeklagte hatte inzwischen das geraubte Kind in der Wohnung des Lehrers abgegeben, nachdem sie ihm einen Zettel um den Hals gehängt hatte, auf dem angegeben war, es wäre dies das Kind des Dienstmädchens. Als Frau E. die Angeklagte beschuldigte, diese hätte ihr das Kind geraubt, zeigte diese ihr das wirkliche Kind des Dienstmädchens und erklärte, sie habe an ihrem eigenen genug. Die verwickelte Angelegenheit wurde noch an demselben Tage von der Berliner Kriminalpolizei aufgeklärt, die den doppelten Kindestausch vornahm. Das erstuntergeschobene Kind der B. wurde später den M'schen Eheleuten wieder überlassen, die mit großer Liebe an ihm hängen. Vor Gericht war die Angeklagte geständig und beteuerte unter einem nicht endenwollenden Tränenstrom, sie habe nichts Schlechtes gewollt … Das Urteil lautete auf eine Woche Gefängnis.

Berliner Lokalanzeiger v. 13. 2. 1907

M 2

1. Notiz
Hauptmann notiert am 13. Februar 1907:

Das Rührende.
Die Frau – Kind angeblich gehabt
Sie bleibt Tage aus
Kind eines Dienstmädchens als ihres ausgegeben
hierdurch beiden geholfen aber sogar im tiefsten Sinne
Kind hatte aber schon Vormund dieser kam. Ständige Angst
Sie raubt für den Vormund ein anderes Kind. – Maurersfrau
Rummelsburg – Menschenmenge.
Sie habe an ihrem eigenen genug. Zeigte ihr eigenes Kind
von[m] Die[nstmädchen]. sie sagt zu Maurersfrau. (1)

[Text bricht ab]

Rudolf Ziesche: Mutter John und ihre Kinder. Zur Vor- und Textgeschichte der „Ratten“, in: Peter Sprengel / Philip Mellen (Hrsg.): Hauptmann – Forschung. Neue Beiträge. Frankfurt – Bern – New York 1986, S. 226–232.

M 1

Gerhart Hauptmann wird am 15. November 1862 im schlesischen Obersalzbrunn geboren. Seine Kindheit verlebt er frei und unabhängig; die Eltern besitzen das größte Hotel am Ort und haben wenig Zeit für die Kinder. Seit 1874 besucht er die Zwinger-Realschule in Breslau. Er leidet unter den dortigen Verhältnissen, unnachsichtigen Pädagogen und einer dürftigen Unterkunft, die er mit seinem Bruder Carl teilt.
1877 müssen die Eltern das Hotel wegen finanzieller Schwierigkeiten aufgeben. Auch die Kinder sind von der materiellen Notlage betroffen. Gerhart Hauptmann scheitert in den folgenden Jahren mehrfach: die Realschule muss er 1878 verlassen, er kommt über die Quarta nicht hinaus. Eine Landwirtschaftslehre bricht er aus gesundheitlichen Gründen ab. Das Einjährigen-Examen - Voraussetzung für eine Verkürzung des Militärdienstes - besteht er nicht.
1880 tritt er in die Bildhauerklasse der Kgl. Kunst- und Gewerbeschule Breslau ein, die er bis 1882 besucht, auch wenn er für kurze Zeit wegen „schlechten Betragens“ und „unzulänglichen Fleißes“ der Schule verwiesen wird. Er lebt in diesen Jahren in äußerst armseligen Verhältnissen.
Sie ändern sich erst, als er sich 1881 heimlich mit Marie Thienemann verlobt, der Tochter eines wohlhabenden Kaufmanns und Bankiers. Hauptmann ist damit für die nächsten Jahre von allen finanziellen Sorgen entlastet; er nimmt ein Geschichtsstudium in Jena auf, begibt sich auf eine lange Schiffsreise von Hamburg über Spanien nach Neapel, lässt sich 1883 in Rom nieder. Erst eine lebensgefährliche Typhuserkrankung bewegt ihn zur Rückkehr nach Deutschland.
Im Herbst 1884 immatrikuliert er sich an der Berliner Universität und nimmt Schauspielunterricht bei Alexander Heßler. Am 5. Mai 1885 heiratet er Marie Thienemann. Mit seiner Frau zieht er nach Erkner, einem Vorort von Berlin. Er schließt Bekanntschaft mit „kleinen Leuten“ und kommt auch in Kontakt mit jungen Autoren im Berliner Dichterkreis „Durch“. Diese ländliche Idylle wird durch eine Vorladung zum Breslauer Sozialistenprozess unterbrochen, in dessen Verlauf Hauptmann über seine Kontakte zu Jugendfreunden vernommen wird. Seine Befragung bleibt folgenlos; Hauptmann zieht es dennoch vor, Deutschland zu verlassen und in den folgenden neun Monaten in der Schweiz zu leben, um von dort aus die weitere Entwicklung zu beobachten.
Am 5. April 1889 wird in Berlin die „Freie Bühne“ gegründet. Sie spielt am 20. Oktober 1889 in einer nichtöffentlichen Vorstellung die Uraufführung des Dramas „Vor Sonnenaufgang“. Die Premiere gerät zu einem Theaterskandal sondergleichen. Hauptmann wird damit schlagartig zu einer öffentlichen Person. Er gilt als Naturalist par excellence, der von den „besseren Kreisen“ angefeindet wird, für Verleger und Regisseure dagegen als vielversprechendes Talent gilt.
1891 erscheint die Dialektfassung seines Dramas „De Waber“ im Druck. Damit beginnt ein lang anhaltender und mühsamer Kampf mit der preussischen Zensurbehörde. Hauptmann wird durch diese Auseinandersetzung zu einem im In- und Ausland viel beachteten Schriftsteller, zugleich verdankt er ihr die Abneigung des deutschen Kaisers Wilhelm II. 1893 werden „Die Weber“ auf der Freien Bühne uraufgeführt. 1894 findet auf dem Deutschen Theater Berlin eine erste öffentliche Inszenierung des Stückes statt. Aus Protest kündigt Wilhelm II seine kaiserliche Loge; er verhindert in den folgenden Jahren auch die Verleihung des Schillerpreises an den Autor.
Um die Jahrhundertwende experimentiert Gerhart Hauptmann mit Theaterstoffen und -formen: dem historischen Drama „Florian Geyer“, der Märchendichtung „Die versunkene Glocke“, dem Künstlerdrama „Michael Kramer“, der „deutschen Sage“ „Der arme Heinrich“ ... Die Publikumsresonanz ist zurückhaltend, Misserfolge oder Achtungserfolge sind die Regel. Er erhält in diesen Jahren allerdings nationale Ehrungen und internationales Renommee: so wird dem gescheiterten Realschüler 1905 die Ehrendoktorwürde der Universität Oxford verliehen, 1909 die Ehrenpromotion der Universität Leipzig. Mit seiner Tragikomödie „Die Ratten“ schließt Hauptmann 1910 wieder an sein naturalistisches Frühwerk an; auch diese Uraufführung am 13. Januar 1911 wird jedoch allenfalls zu einem mäßigen Erfolg bei Publikum und Kritik. Im November 1912 feiert Gerhart Hauptmann seinen 50. Geburtstag mit einem Festbankett in Berlin; im Dezember 1912 wird ihm in Stockholm der Nobelpreis für Literatur verliehen.
Der Kriegsausbruch 1914 trifft ihn völlig unvorbereitet. Hauptmann sieht ein entsetzliches Völkermorden voraus, was ihn allerdings nicht davon abhält, patriotische Kriegsgedichte und öffentliche Aufrufe zu publizieren. In ihnen solidarisiert er sich mit Kaiser und Militär. Belohnt wird er dafür mit dem Roten-Adler-Orden IV. Klasse (!), der ihm von Wilhelm II. verliehen wird.

Im November 1918 unterstützt Gerhart Hauptmann jedoch vorbehaltlos die deutsche Republik. Diese Haltung bringt ihm in den folgenden Jahren eine enorme Popularität ein. So muss er etwa dementieren, dass er für das Amt des Reichspräsidenten zu kandidieren bereit sei. Sein 60. Geburtstag 1922 gerät zu einer Feier, die sich über mehrere Monate erstreckt. 1921 wendet sich der russische Dichter Maxim Gorki an ihn mit der Bitte, eine Hilfsaktion zugunsten der Hunger leidenden Bevölkerung in der Sowjetunion zu unterstützen. Der Dichter engagiert sich privat wie öffentlich für diesen Aufruf. Mit dem Anbruch des Dritten Reichs zieht sich der 71-jährige Hauptmann aus dem öffentlichen Leben weitgehend zurück. Er geht innerlich auf Distanz zu den Nationalsozialsten; politischer Widerstand liegt ihm allerdings fern. Er bleibt auch weiterhin Mitglied in der (NS-dominierten) preussischen Akademie der Künste und unterstützt in Radioansprachen wie Zeitungsartikeln die Politik Hitlers. Damit dient er als einer der wenigen im Reich verbliebenen Autoren von Weltruf der Propaganda des Dritten Reichs.

In den letzten Lebensjahren vereinsamt Gerhart Hauptmann. Er zieht sich in seine Villa „Wiesenstein" im schlesischen Agnetendorf zurück. Sein internationales Renommee bleibt trotz der ambivalenten Haltung des Dichters bestehen: so wird bei der Besetzung durch die Rote Armee im Mai 1945 das Haus des Dichters unter besonderen Schutz gestellt. Am 6. Juni 1946 stirbt Hauptmann in Agnetendorf; am 28. Juni wird er auf Hiddensee beigesetzt.

Gerhart Hauptmann, 1929

M 1

Gerhart Hauptmann, 1897

M 2

Mit zweien seiner Söhne (links Benvenuto) 1912

M 3

Hauptmann im Arbeitszimmer seines Hauses in Agnetendorf

M 1

Ein Abend beim Nobelpreisträger Gerhart Hauptmann

G. Blomquist (übersetzt von Arne Gustavs)

Über Gerhart Hauptmann wird in diesen Tagen sehr viel gesprochen und geschrieben, und das nicht nur wegen seiner Nominierung zum Nobelpreisträger, sondern auch weil er übermorgen seinen 50sten Geburtstag begeht. Als Berühmtheit ist er auch von vielen Leuten umschwärmt und nicht leicht anzutreffen. [...]
Ich hörte Berichte, dass Hauptmanns Villa etwas sehr Großartiges sein sollte, immerhin war man von dem Glanz und der Pracht, die dort drinnen herrschte, überrascht. Die Natur ringsherum ist großartig, und man kann sich an der großen Einsamkeit und Stille erfreuen. Will er aber Menschen sehen, kann er nach Agnetendorf hinunter gehen, wo die Kleinen der Gesellschaft, Bauern und Fabrikarbeiter ihr strebsames Leben führen, das er so intim geschildert hat. In der Villa gibt es eine große Menge Kunstwerke, insbesondere Bildhauerarbeiten, herrliche kunsthandwerkliche Erzeugnisse und eine Menge Bücher. Hauptmann ist auch ein Bücherfreund, liebt schönen Druck und schönen Einband und hat besonders in Italien, wo er sich in der Regel sechs Monate im Jahr aufhält, große Sammlungen gemacht. Sehr berühmt ist die gewaltige Halle in Hauptmanns Villa, und diese ist wirklich imponierend. Ich hatte nicht viel Zeit, die Herrlichkeiten zu betrachten, die dort aufgestellt waren, denn ich wurde sofort in das Arbeitszimmer des Dichters geführt. Das sind zwei bedeutende Salons von beachtlichen Dimensionen, die gleichzeitig Bibliothek, Empfangs- und Arbeitsraum sind. [...]
„Es wird erzählt, dass Arno Holz und Schlaf einen starken Einfluss auf Sie gehabt haben, besonders in der Frage der Theorie der Dichtung."
„Hierzu muss ich sagen", erwiderte Hauptmann, „dass meine Bekanntschaft mit diesen Herren ganz flüchtig war, und in der Frage um den angeblichen Einfluss haben sich die Biographen geirrt." [...]
„Wie war das denn mit dem Einfluss des Franzosen Zola?" fragte ich.
„Dieser Einfluss ist wohl auch übertrieben, aber wahr ist, dass ich Einflüsse von dort erhalten habe. Als ich meine Tätigkeit begann, war es mit der deutschen Literatur nicht sehr weit her, und wir jungen Autoren studierten im Jahre 1880 ernsthaft die literarischen Bewegungen im Ausland. Ich muss sagen, dass Tolstois ‚Macht der Finsternis', einen großen Einfluss auf mich gehabt hat. Turgenjew und die anderen russischen Schriftsteller habe ich gerne gelesen. Mein Studium von Zola liegt weit zurück, und wissen Sie was, die französische Kultur und Auffassung sind für uns ganz fremd. Was die schwedische und nordische Literatur betrifft, so ist das für uns Deutsche kein fremdes Element. Das ist, als wären sie unsere eigenen. Von Ibsen habe ich Verschiedenes gelernt, und ich kann sagen, dass es, die Kühnheiten Strindbergs', waren, die das Eis in mir gebrochen haben. Strindberg ist ein mächtiger Geist. Er wird jetzt mit großem Enthusiasmus von unseren jungen Schriftstellern studiert. Ich glaube, dass wir einer Strindbergperiode in Deutschland entgegengehen." [...]
Ich fragte ihn weiter, ob er in seiner literarischen Arbeit naturwissenschaftliche Methoden anwende und ob er in seinen Studien etwa so vorgehen würde wie z. B. Zola. Hierauf antwortete er etwa so: „Naturwissenschaft habe ich kaum mehr studiert als gewöhnlich gebildete Leute heutzutage. Einige meiner Freunde sind inzwischen Naturforscher geworden. Irgendeine besondere Arbeitsmethode habe ich nicht." [...]
Die landläufige Auffassung, dass Gerhart Hauptmann mit den kalten Augen eines Naturalisten das Leben beschreibt oder dass er ein Künstler ist, der sich gleichgültig zur Moral stellt, ist keinesfalls richtig. [...]
Während des Abendessens kamen wir hauptsächlich auf politische Themen zu sprechen. Frau Hauptmann ist am Frauenstimmrecht lebhaft interessiert und meinte, dass die nordischen Frauen glücklich sein müssten, ihre Emanzipation schon seit einiger Zeit erlangt zu haben. Eine andere Dame meinte, dass es keine Sozialdemokraten im Parlament geben sollte, aber da flammte Hauptmann auf und sagte:
„Ich bin über viele Jahre Sozialdemokrat gewesen, aber nun gehöre ich keiner Partei an. Gleichwohl bin ich ein warmer Arbeiterfreund und betrachte es als absolut notwendig, dass die Arbeiter zahlreich im Parlament vertreten sind."

Aftonbladet, Stockholm, 16. November 1912

In H. D. Tschörtner (Hrsg): Gespräche und Interviews mit Gerhart Hauptmann. Erich Schmidt Verlag, Berlin 1994, S. 53–57.

M 1

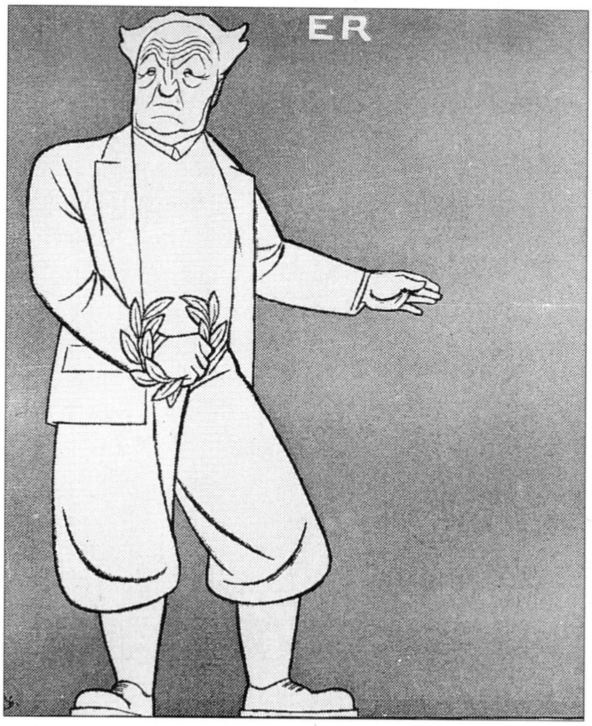

„Dieses Zeitalter hat keinen Schiller"

Titelkarikatur aus dem Simplicissimus, 1926

Goethe-Schiller-Denkmal vor dem Nationaltheater in Weimar

M 2

Ehrungen und offizielle Würdigungen in seinem Heimatland sind Hauptmann lange versagt geblieben. Der Vorschlag, ihn mit dem Königlichen Schillerpreis auszuzeichnen, wurde abgelehnt. Umso erfreulicher und stimulierender wirkte die Verleihung des Grillparzer-Preises durch die Kaiserliche Akademie der Wissenschaften in Wien – im Jahre 1896 (für „Hannele"); Hauptmann erhielt den Preis ein zweites Mal 1899 (für „Fuhrmann Henschel") und ein drittes Mal 1905 (für den „Armen Heinrich"). Ebenfalls 1905 erfolgte die Promotion zum „Doctor Litterarum honoris causa" in Oxford.

1912 wurde Hauptmann der Nobelpreis für Literatur zuerkannt. Danach, insbesondere zum 60. und 70. Geburtstag, häuften sich die Ehrenurkunden, Orden, Namensgebungen für Schulen und Theater, ja sogar ein Waldstück auf Hiddensee.

Den Staffelstab trugen 1932 schlesische Leichtathleten vom Riesengebirgskamm nach Breslau und überreichten ihn Hauptmann bei einem Ehrenabend im Breslauer Schloss. Im Jahre 1942 wurde Hauptmann am Vorabend seines 80. Geburtstages zum Ehrenbürger der Breslauer Friedrich-Wilhelm-Universität ernannt. Die Urkunde wurde ihm in der Aula Leopoldina überreicht.

Wirklichkeit und Traum. Gerhart Hauptmann 1862–1946. Ausstellung der Staatsbibliothek Preußischer Kulturbesitz. Berlin, Wiesbaden 1987 S. 97 ff.

Einleitung

„Fortan ist sich jegliche Literatur der existierenden Ratte bewußt gewesen. Das Rattige wurde Prinzip. Man nehme den Roman ‚Die Pest' zur Hand oder Hauptmanns nach unserem Preisträger – freilich im Plural – benanntes Theaterstück. [...]
Halten wir fest: Zumeist dem menschlichen Elend, der Armut, dem Hunger, dem Grauen, der Krankheit und dem Bedürfnis nach Ekel leibeigen, ist die Ratte bisher nur zu fragwürdigen literarischen Ehren gekommen: Seuchen waren ihr aufgebürdet, nagende Not zwang sie ins Bild, ihr Ort hieß Kloake, Slum, Verließ, KZ, Unterwelt. Sie kündete Unglück an, böse Zeit und das sinkende Schiff."
Günter Grass: Die Rättin, in: ders.: Werkausgabe Bd.11, Göttingen 1997, S. 185f.

Die „Laudatio auf das verdiente Rattengeschlecht" zeigt, wofür die Rattenmetapher im literarischen wie im gesellschaftlichen Kontext steht: sie kennzeichnet Umbruchsituationen, legt Feindbilder fest, diskriminiert Minderheiten, lässt diffuse Ängste konkret fassbar werden. Diese Tendenz gilt im 19. wie im 20. Jahrhundert: Heinrich Heines Gedicht „Die Wanderratten" (**A 20, M 1**) greift sie ironisch auf, propagandistisch verwertet sie Veit Harlans Hetzfilm: „Der ewige Jude", der in Parallelmontagen Bilder einer bedrohlich anschwellenden Flut von Ratten in Szenen mit Juden aus dem Warschauer Ghetto überblendet; sie ist noch Teil der „Ratten-und-Schmeißfliegen"-Kampagne, die von der CSU im Sommer 1978 gegen linksliberale Intellektuelle geführt wird. Noch immer geht es im politischen Diskurs darum, die Ungeziefersymbolik für die eigene Machtpolitik zu instrumentalisieren.
Gerhart Hauptmanns „Ratten" zeigt die verschiedenen Valenzen dieses Motivs: es lässt Atmosphäre spüren, macht deutlich, dass hinter der glanzvollen Fassade der wilhelminischen Reichshauptstadt bürgerliches Leben brüchig geworden ist und entlarvt zugleich die Verlogenheit seiner ideologischen Vertreter. Gesellschaftliche Doppelmoral an den Pranger zu stellen, gehörte zu den Wesensmerkmalen naturalistischer Literatur. Wenn der Autor 1911 mit seinem Schauspiel Formen und Inhalte jener literarischen Bewegung aufnahm, die in der Kulturdiskussion seiner Zeit bereits als anachronistisch galt, ist das auch ein Hinweis darauf, dass er hier der zweckfreien Kunst, dem l'art pour l'art, sein soziales Engagement entgegenstellte.
Die Vorschläge für eine Unterrichtseinheit zu den „Ratten" stellen daher auch die naturalistische Darstellungsweise und ihre gesellschaftskritische Komponente in den Mittelpunkt. Dieses Thema zieht sich durch alle Sequenzen der Unterrichtseinheit und bildet so den roten Faden für die Gesamtinterpretation des Textes.
Die „Annäherung an den Text" (**Sequenz I**) soll dazu beitragen, den Sprung über mehr als 100 Jahre – das Stück spielt 1884 – zu ermöglichen und Schülern ein Gespür für die historischen Bedingungen der Handlung zu vermitteln. Sie erhalten die Möglichkeit, ihre Phantasie produktiv einzusetzen, um sich so auf einer virtuellen Reise durch die Zeit dem Ort der Handlung anzunähern.
Die den Naturalisten eigentümliche Arbeit mit Regieanweisungen schließt sich in der **zweiten Sequenz** an. In ihr geht es darum, den „Gegensatz zweier Welten" (G. Hauptmann) bereits in der räumlichen Gestaltung zu erkennen. Dass Wohnräume nicht nur durch Menschen geprägt werden, sondern ihrerseits Handeln und Denken bestimmen, war feste Überzeugung der naturalistischen Autoren. Bühnenräume erhalten damit die Funktion, Charakteren plastische Gestalt zu verleihen, noch bevor sie selbst zu Wort kommen. In den „Ratten" lässt Gerhart Hauptmann darüber hinaus den sozialen Brennpunkt Berlin spüren, indem er die städtische Dynamik in die Bühnenräume hineinzieht. Er wird damit zum Vorläufer einer expressionistischen Großstadtdichtung, die ihre konsequenteste Fortsetzung in Alfred Döblins Roman „Berlin Alexanderplatz" findet. Nicht zufällig sind beide Werke im selben proletarischen Viertel der Reichshauptstadt angesiedelt.
Einen dramenspezifischen Schwerpunkt der Interpretation stellt die Untersuchung der Personen und ihrer Motive (**Sequenz III**) dar: zunächst geht es darum, das Dramenpersonal den beiden sozialen „Welten" zuzuordnen. Erkennbar wird so, welches gesellschaftliche Spektrum Hauptmann in seinem Stück herausgreift. Einzelanalysen stellen dann die Beweggründe der zentralen Gestalten ins Zentrum. Eine differenzierte Textanalyse ist dabei unerlässlich; der analytische Zugriff soll aber nur eine Zugangsvariante darstellen – durch szenisches Spiel erhalten die Schüler eine Möglichkeit, die Motive nachvollziehen zu können, mit aktualisierenden Materialien soll darüber hinaus versucht werden, die prekäre Situation der Personen im Drama dem eigenen Horizont anzunähern.
Die **vierte Sequenz** setzt sich mit der Sprache des Dramas auseinander, die Schülern den Zugang zunächst erschweren dürfte. Auch jenseits der Sprachbarrieren, die durch den Dialekt vorgegeben sind, entstehen Übersetzungsprobleme, denn Hauptmann arbeitete mit dem spezifischen Voka-

bular des Berliner Unterweltmilieus. Um authentisch zu schreiben, verschaffte er sich Speziallexika der „Rinnsteinsprache". An seinem Vorgehen lässt sich erarbeiten, welche besondere Bedeutung Sprache als Element einer lebensechten Darstellung für die naturalistischen Autoren besaß.

Der Titel des Dramas wird in der **fünften Sequenz** „Ratten und Gespenster" aufgenommen. Dabei geht die soziale Bedeutung des Motivs mit seiner atmosphärischen Aufladung einher: reale, naturalistisch geschilderte Vorgänge werden als Zeichen einer allgemeinen Krisenhaftigkeit verstanden; der Umschlag rationalen Handelns ins Irrationale erweist sich als Vorgriff auf Tendenzen symbolistischer Literatur.

Mit der kunstprogrammatischen Auseinandersetzung zwischen Hassenreuter und Spitta im III. Akt verlässt Hauptmann die Ebene eines an seinen sozialen Bedingungen ausgerichteten naturalistischen Schauspiels: er öffnet den literaturhistorischen Horizont und zeigt – mit spürbar selbstironischen Tendenzen – welche Traditionslinien die Theaterdiskussion seiner Zeit bestimmen. Die in der **sechsten Sequenz** präsentierten theatertheoretischen Äußerungen Goethes, Schillers, Lessings und Freytags führen aus, was Hauptmann in seinem Drama andeutet. Dennoch wird es wohl nur ansatzweise möglich sein, Schüler in die ganze Breite der Grundsatzdiskussion einzuführen. Die poetologischen Positionen sollten jedoch so weit verstanden werden, dass Hauptmanns skeptische Frage nach der Wirkungsmöglichkeit von Theater erkennbar wird.

Die **siebte Sequenz** geht auf das im Untertitel des Dramas – „Berliner Tragikomödie" – genannte Genre ein. Prononciert stellt Hauptmann den gesellschaftlichen Aufstieg des Theaterleiters neben die persönliche Tragödie der Henriette John. In einer szenischen Interpretation soll diese gegensätzliche Bewegung der Figuren verfolgt werden, bevor eine begriffliche Erarbeitung Mittel und Bedeutung des Genres „Tragikomödie" erfasst.

Politische und gesellschaftliche Auseinandersetzungen in der zweiten Hälfte des 19. Jahrhunderts sind Teil des Dramengeschehens und werden von den Figuren in unterschiedlicher Weise interpretiert. Historische Kenntnisse erscheinen daher notwendig, um die Deutungsvarianten zu verstehen. Sie sollen in der **achten Sequenz** erarbeitet werden. Deutlich wird an dieser Stelle auch, wie präzise Hauptmann die Lebensverhältnisse des Berliner Kleinbürgertums in seinem Drama aufgreift, einer Welt, die er aus eigener Anschauung kennt.

Das Selbstverständnis der Naturalisten (**Sequenz IX**) wird paradigmatisch mit einer Positionsbestimmung des schwedischen Autors August Strindberg vorgestellt. Ihre Analyse lässt erkennen, in welcher Weise das Drama Hauptmanns den programmatischen Äußerungen des Zeitgenossen entspricht. Dabei zeigt sich, dass das theoretische Verständnis der Naturalisten nur teilweise mit ihrer ästhetischen Praxis übereinstimmt und die engen Grenzen epochengeschichtlicher Schubladen gesprengt werden. Die schockartige Wirkung naturalistischer Dramen – Theaterskandale, die oft genug von den jungen Autoren und Theaterleuten bewusst inszeniert wurden – soll auf die provozierende Konzeption von Literatur zurückgeführt werden.

Abschließend zeichnet die **zehnte Sequenz** die Stationen der Dramenentstehung nach. Auch hier zeigt sich, wie eng Hauptmann sich durch die Lebenswirklichkeit – hier einen Kriminalfall aus dem Jahr 1907 – leiten ließ. Die Biographie des Autors beweist noch einmal, wie sehr er in den Augen der Öffentlichkeit zum Dramatiker des Alltags wird, was ihn allerdings für lange Zeit – sehr zum eigenen Unwillen – von öffentlichen Ehrungen abschneidet. Erst nach der Veröffentlichung der „Ratten" setzten mit der Verleihung des Literatur-Nobelpreises 1912 auch die Ehrungen durch das offizielle Deutschland ein. In diesen Jahren hatte sich Hauptmann allerdings von naturalistischer Literatur weit entfernt.

Die einzelnen Bausteine dieser Unterrichtseinheit sind variabel einsetzbar. Sie können verschoben, in Teile zerlegt oder auf Schwerpunkte reduziert werden. So entstehen Unterrichtskonzepte mit sehr verschiedenen Akzentsetzungen, die den individuellen Bedürfnissen von Lehrern wie Schülern entgegenkommen.

Sequenz I: Annäherung an den Text / Lektürephase

A 1: Das Rattenhaus

Einen ersten Zugang zu den Lebensverhältnissen in Gerhart Hauptmanns Drama bietet eine historische Fotografie der ehemaligen Alexanderstraße. Das leider nicht abgebildete Eckhaus Alexander-/Voltairestraße war Vorbild für den Handlungsort des Stückes, denn hier befand sich der Theaterfundus von „Alexander Heßler, weiland Direktor des Straßburger Königlichen Theaters". In seinem autobiographischen Werk „Das Abenteuer meiner Jugend" verweist Hauptmann auf ihn als das Urbild seines Extheaterdirektors Harro Hassenreuter und auf die Bedeutung des verrotteten Gebäudes für den Hand-

lungsort: Heßler „hatte aus einem Zusammenbruch seiner Vermögensumstände zahllose Kisten mit Kostümen und Requisiten [...] gerettet und auf dem Boden einer alten Kaserne untergebracht. Dahin ging ich von Erkner aus regelmäßig zum Schauspielunterricht. Ich brauche davon nicht mehr zu sagen; eines meiner späteren Werke, ‚Die Ratten' ist auf den Eindrücken dieses Milieus aufgebaut." (Gerhart Hauptmann, Sämtliche Werke Bd. 7, Frankfurt/Berlin 1974, S. 1040).
Das zeitgenössische Foto lässt den Schülern die Atmosphäre solcher Mietskasernen deutlich werden, lässt das armselige Leben seiner Bewohner hinter den gleichmäßigen Fensterreihen ahnen. Mit Hilfe von M 2 kann dieser Eindruck konkretisiert werden. Das Elend und die Armut der dargestellten Welt schildert auch die Gedichtstrophe von Arno Holz (**M 3**): Industrialisierung, Wohnungselend, Hinterhofatmosphäre, soziales Elend und Alkoholismus sind die Phänomene, die sein Text konkret anspricht, Milieubeschreibung mit sozialkritischer Absicht.

A 2: Rollenbiographien entwerfen

Ist die soziale Welt des Dramas auf diese Weise zunächst konstituiert, beginnt die Lektürephase. Sie wird mit Arbeitsaufträgen für die Schüler verbunden, die Biographien für je eine der wichtigen Rollen im Stück schreiben sollen. Ihnen werden dafür die relevanten Textabschnitte genannt (**A 2, M 1**). Reichen die Angaben nicht aus, um eine „runde" Biographie entstehen zu lassen, sollen die Schüler ihre eigene Phantasie einsetzen und weitere Informationen dazu erfinden. Die Ergebnisse werden in der Ich-Form als „Autobiographie" geschrieben, um so eine möglichst weitgehende Identifikation der Schüler mit ihrer Rolle entstehen zu lassen: sie sollen sich in die Lebenssituation und die innere Welt „ihrer" Person hineinversetzen können. Als Beispiel, wie eine solche Rollenbiographie unter den Stichworten Herkunft, Auftreten / Artikulation, Eigenschaften / Emotionen gestaltet sein könnte, ist ein möglicher Text für Sidonie Knobbe vorgegeben (**A 2, M 2**). Die Schüler entwickeln sich auf diese Weise zu Experten für bestimmte Personen, auf deren Detailwissen dann bei der späteren Textarbeit immer wieder zurückgegriffen werden kann.

A 3: Phantasie-Reise – Einstieg in den Text

Um in die historisch wie kulturell fremde Welt einer Berliner Mietskaserne einzudringen und sich mit den Lebensbedingungen seiner Bewohner vertraut zu machen, sollen die Schüler sich – als Einstieg in die genaue Textanalyse – auf eine „Phantasie-Reise" durch das „Rattenhaus" machen. Angeregt durch verbale Impulse des Lehrers nehmen sie Gerüche, Geräusche und Personen wahr, lassen einen filmartigen Ablauf von Bildern vor ihrem inneren Auge Revue passieren und werden dadurch auch emotional in diese Welt integriert (vgl. dazu: Ingo Scheller: Szenisches Spiel. Handbuch für die pädagogische Praxis, Berlin 1998, S. 39f.). Einen visuellen Impuls vor Beginn der Reise kann Henrich Zilles Fotografie eines Treppenaufgangs in Berlins ältestem Stadtgebiet, dem Krögel, vermitteln: einer düsteren Gegend, deren miserablen Zustand der Maler nüchtern dokumentiert – sich dabei aber auch seiner eigentümlichen Verlockung nicht entziehen kann (**A 3, M 1**).
Voraussetzung für das Gelingen einer Phantasie-Reise ist zunächst, eine Situation im Klassenraum herzustellen, die eine störungsfreie Atmosphäre zulässt. Die Schüler nehmen dabei einen Platz und eine Haltung ein, die sie als bequem und entspannt empfinden. Dann sollten sie die Augen schließen und sich ausschließlich auf ihren Körper und ihr Atmen konzentrieren. Ruhige und eindrucksstarke Musik – etwa Nigel Kennedys CD „Kafka" (1996) – kann diese Atmosphäre unterstützen. Erst wenn die Schüler zur Ruhe gekommen sind, kann der Lehrer mit seiner Phantasie-Reise beginnen. Dabei muss er das Sprachtempo seiner Anweisungen reduzieren und seine Impulse so konzentriert wie konkret setzen, dass alle in der Lage sind, sich in ihrem eigenen Film zu bewegen. Der folgende Text ist als eine Möglichkeit gedacht, Impulse für ein derartiges Drehbuch zu setzen. Er geht auf Anregungen des Schweizer Theaterpädagogen Marcel Kunz zurück.

Eine Phantasie-Reise ins Innere des „Rattenhauses"

Du hast mit deinem Kurs eine Studienreise nach Berlin unternommen. Heute machst du mit dem Reisebus eine Fahrt in das „alte Berlin". Langsam näherst du dich, vom Alexanderplatz kommend, durch die Voltairestraße der Alexanderstraße. Der alte graue Kasten, Hauptmanns „Rattenhaus" ist schon aus einiger Entfernung zu erkennen; es sieht düster und bedrohlich aus. Hier machst du Halt; die ehemalige Kaserne des Kaiser-Alexander-Regiments willst du dir auch von innen ansehen.
Es ist heiß. Vor dem Eingang stehen die übervollen Mülleimer. Du öffnest die große Eingangstür und wirst von einer atemberaubenden Geruchswolke überfallen. Für einen Augenblick bist du wie betäubt. Das Haus, die Hitze, der Gestank – alles führt dich zurück in die Welt der Jahrhundert-

wende. Du wirst eins mit der Figur aus den „Ratten", die dich schon bei der Lektüre fasziniert hat, weil sie dich so überzeugt oder abgeschreckt hat. Versetz' dich in ihre Lage. Für die nächsten Augenblicke trittst du ganz hinter sie zurück.
Aus den Kellerräumen hörst du entfernt das Husten der tuberkulosekranken Arbeiterfamilie mit ihren zahlreichen Kindern. In diesen feuchten Löchern wohnen ja oft bis zu zehn Personen – in schlimmen hygienischen Umständen und ohne Aussicht auf eine Verbesserung ihrer Lage.
Du gehst an den Werkstätten im Parterre vorbei, hörst den Lärm der zu Fabriken umgebauten Hinterhöfe: das Dröhnen der Maschinen, das Sausen der Treibriemen. Kurz wirfst du einen Blick durch eine geöffnete Lagertür, siehst die dicken Stoffballen, billige Konfektionsware.
Durchgetretene Stufen führen auf einer breiten Treppe in den ersten Stock. Du hast Schwierigkeiten, dich zu orientieren, weil die wenigen verdreckten Fenster kaum Tageslicht hereinlassen. Viele kleine Kinder spielen auf den Gängen, lassen sich durch dich aber nicht stören, sehen dich offensichtlich nicht einmal. Einige scheinen hier auch ihre dringendsten Geschäfte erledigt zu haben. Aus allen Ecken dringt ein eindeutiger Geruch zu dir herüber.
Vom Flügel B hörst du kräftige Männerstimmen, die deutsches Liedgut einüben: „Wer hat dich, du schöner Wald ...", „In einem kühlen Grunde ..." – Melodien, die du mehr erahnen als erkennen kannst. Wer hat zu dieser Tageszeit Muße und Gelegenheit für Chorgesang? Etwas kommt dir spanisch vor; irritiert steigst du weiter nach oben.
Du kommst in den zweiten Stock und siehst zahlreiche Eingangstüren, die zu kleinen Wohnungen führen müssen. Mit deinem magischen Auge machst du die Räume einer armen Zigarrenarbeiterin, einer Mantelnäherin aus. Eine offensichtlich angetrunkene Frau hörst du aus einer dritten Türe. Sie schickt gerade ihre Tochter auf die Straße. Was sie dort tun soll, ist dir nicht ganz klar, vielleicht willst du es auch nicht wissen ...
Halt – eine Tür steht offen. Du bist neugierig und wirfst einen kurzen Blick hinein: ein hohes helles Zimmer, Küche und Schlafzimmer durch Verschläge abgetrennt. Hier wird auf Ordnung und Sauberkeit Wert gelegt; Gemütlichkeit sollen die kleinen Bilder ausstrahlen, die über dem Sofa hängen. Sie zeigen ein Brautpaar, einen Soldaten aus dem Siebziger Krieg in Uniform. Du willst nicht von den Mietern überrascht werden und steigst weiter nach oben. Im dritten Stock wohnt eine schwerkranke alte Frau; durch die dünne Tür sind ihre astmathischen Anfälle zu hören; lange wird sie es wohl nicht mehr machen.
Langsam bleibt dir die Luft weg. Es ist heiß und stickig hier im Treppenhaus; je weiter du nach oben kommst, desto unerträglicher wird die Atmosphäre. Etwas raschelt hinter den Tapeten ... Aber du willst alles sehen. Also steigst du bis auf den Dachboden. Hier versuchst du erst mal zu Atem zu kommen. Es ist muffig und stickig hier oben, der Geruch nach Mottenpulver liegt in der Luft. Die schwere, eisenbeschlagene Tür steht offen und lässt dir einen Blick ins Innere zu: ein unglaubliches Durcheinander von Plunder, Theaterkostümen und Requisiten liegt über- und nebeneinander; eine Wendeltreppe führt nach oben auf den Spitzgiebel. Nebenräume sind in diesem düsteren, durch kein Tageslicht erhellten Raum mehr zu erahnen als zu sehen.
Du willst einen Schritt nach innen tun – aber etwas quietscht unter deinen Füßen, dich streift eine schnelle Bewegung. Du versuchst genauer hinzusehen und erschrickst zu Tode: Ratten. Eine hättest du fast zertreten, andere kommen auf dich zu. Sie wirken nicht so, als ob sie Angst vor dir hätten. Du drehst dich um und lässt, so schnell du kannst, Stockwerk für Stockwerk hinter dir. Frischluft ist das, was du jetzt am dringendsten brauchst. Im Parterre angelangt verlässt dich langsam der Druck, der auf dir lastet. Du trittst nach außen vor die Tür, siehst den Reisebus wieder und bist froh, nicht mehr in der Haut der Hausbewohner zu stecken. Du setzt dich auf deinen Platz im Bus und atmest tief durch ...

Am Ende der Phantasie-Reise sprechen die Schüler über ihre Erlebnisse, notieren ihre Assoziationen zu einem kurzen Text, fertigen ein Bild, eine Planskizze ... an.

A 4: Mindmap – Fragen an den Text strukturieren

Im Anschluss an diese Phantasie-Reise sollen die Schüler Assoziationen und offene Fragen, die sie während ihrer Lektüre beschäftigt haben, formulieren. Sie können sich auf die Personen und ihre Beweggründe, auf die Technik des Stücks, den Autor und seine Zeit beziehen. Auf einer Wandzeitung werden sie zu einer Art Gedanken-Landkarte, einer Mind-Map, zusammengefügt. Dabei steht der Dramentitel in der Mitte, die einzelnen Gedanken werden auf Linien vom Zentrum aus fortgeführt. Der Vorteil dieser Methode liegt darin, dass die relative Bedeutung der einzelnen Aspekte bezogen auf das

Stück, Verknüpfungen und Abhängigkeiten zwischen den Ideen deutlich werden. Neue Gedanken können ohne Probleme integriert werden. Diese Mind-Map bleibt während der gesamten Unterrichtseinheit erhalten, so dass die offenen Fragen jederzeit wieder verfügbar gemacht werden können. Sie müssen im Verlauf der Gesamtinterpretation beantwortet werden. Ein Beispiel für die Visualisierung möglicher Fragen an den Text wird im Arbeitsblatt **A 4, M 1** vorgestellt, um die Technik und mögliche Inhalte des Verfahrens zu verdeutlichen. Es dürfte so sicher nicht für alle Schülergruppen repräsentativ sein, vermutlich werden aber wie hier Fragen zu den Personen des Stücks im Vordergrund stehen.

Sequenz II: Ratten-Räume

A 5: Regieanweisungen im Stück

Der Raum hat eine besondere Bedeutung in der Dramenkonzeption der Naturalisten. Alle Gegenstände, die in ihm zu finden sind, werden aufgelistet und genau beschrieben. So werden im Dachgeschoss des „Rattenhauses" auf eineinhalb Seiten Bühnenrequisiten, Kostümstücke, Tisch und Pult, Stühle, Schreibgeräte, im 2.Stock das Repräsentationssofa, ein Küchenschrank, Herd, Arbeitstisch usw. genannt. Von besonderer Bedeutung sind die Fotografien, in denen sich Herkunft und Sehnsüchte, aber auch weltanschauliche Einstellungen spiegeln. Der Raum ist also mehr als lediglich ein passiver, neutraler Schauplatz der Begebenheiten. Er wird präzise bestimmt und wirkt seinerseits bestimmend; er ist als Milieu auf den Menschen bezogen.
Diese besondere Bedeutung des Raums in den „Ratten" wird zunächst durch eine genaue Analyse der beiden differenzierten Regieanweisungen zu Beginn des I. und des II. Aktes erarbeitet. Der Tafelanschrieb (**A 5, M 1**) lässt die Korrespondenz von Raum und Bewohnern deutlich werden. Zusammenfassend lässt sich festhalten:
Der szenische Raum gewinnt handlungsstrukturierende Bedeutung, er charakterisiert die Realität sozialer Gegensätze: der Dachboden bezeichnet die ambivalente Position des Schauspielerberufs insgesamt und charakterisiert die individuelle Persönlichkeit Hassenreuters, die Wohnküche zeigt den Utilitarismus des dem Proletariat entwachsenen Kleinbürgertums.
Der „Gegensatz zweier Welten" wird durch das Ambiente zweier getrennter, aber miteinander verflochtener Gruppen gestaltet, denn die Figuren treten in beiden Räumen auf. Auf beiden Ebenen werden Unsicherheiten deutlich: Der Künstler lebt in einer gesellschaftlich nicht voll akzeptierte Position und einer ungesicherten Existenz; die Aufstiegsversuche der Kleinbürger sind stets vom Scheitern bedroht, der Abstieg liegt nahe. Die morsche Berliner Mietskaserne wird so zu einem Modell der sozialen Welt in ihren natürlichen Verhältnissen.

A 6: Der Raum und seine Bedeutung

Der Raum enthält aber nicht nur Gegenstände, sondern auch Fenster und Türen und steht so in Kontakt mit der Umgebung. Die Wohnungstür des Dachgeschosses, Theaterfundus und Probenraum zugleich, öffnet sich im ersten Akt für eine Vielzahl von Personen – Bruno, Walburga, Hassenreuter, Nathanael Jettel, Alice Rütterbusch und Erich Spitta –, die damit einen beinahe öffentlichen Raum entstehen lassen. Auf dem Spitzgiebel wird währenddessen über Pauline Piperkarckas Kind verhandelt, das dort später auch zur Welt kommt. So verschmelzen die Grenzen zwischen intimer und öffentlicher Sphäre.
Durch Türen und Fenster gelangen auch Geräusche und Gerüche der Großstadt auf die Bühne und erweitern so den Radius der engen Mietskaserne. Nahraum und Fernraum – darauf verweist der Text von Paul Berger (**A 6, M 1**) – gehen ineinander über und lassen typische Merkmale des Großstadtgewühls in das Bühnengeschehen eindringen: Straßenlärm, Leierkastenmusik, Männerchöre und Kinderlärm, Pferdewagen und Omnibus.
Die spezifische Bedeutung des Bühnenraums für das naturalistische Drama fasst der Text von Werner Keller zusammen (**A 6, M 2**). Als Voraussetzung für ein verändertes Raumkonzept skizziert er zunächst den Wandel in den ideologischen, sozialen und politischen Vorstellungen des 19. Jahrhunderts. Die Bühnenräume dienen in den Stücken Hauptmanns und Ibsens dazu, die Figuren in ihrem sozialen Milieu festzulegen, ihre individuellen Eigenschaften zu veranschaulichen und die scheinbare Sicherheit bürgerlicher Verhältnisse zu entlarven. „Lebensrealität" vorzustellen, ist das generelle Ziel dieser akribischen Regieanweisungen. Durch die angestrebte Echtheit der Gegenstände soll die Grenze zwischen Realität und Fiktion im Kunstraum verwischt werden.

Sequenz III: Personen und ihre Motive

A 7: Personenkonstellationen

Zwei soziale Welten treffen in der Einheit eines Hauses zusammen – so bezeichnet Hauptmann die Ausgangsidee seines Dramas. Es bietet sich daher an, als erstes die Figuren des Stücks den beiden Sphären zuzuordnen und so die Hassenreuter-Welt mit der John-Welt zu konfrontieren. Fragt man nach den Kriterien, die eine Zuordnung der Figuren zu einer der beiden Welten ermöglicht, wird eine Liste individueller, ökonomischer, sozialer und kommunikativer Indikatoren entstehen wie sie auf dem Arbeitsblatt vorgegeben ist (**A 7, M 1**). Diese Übersicht sollte als Tafelanschrieb oder auf Folie festgehalten werden.
Aus dem Überblick ergibt sich eine soziale Variationsskala zwischen lumpenproletarischen, proletarischen, bürgerlichen, halbbürgerlichen, heruntergekommenen und gänzlich asozialen Existenzen. Zufällige Beziehungen und notwendiges Aufeinanderbezogensein ergänzen sich und lassen das dramatische Bild einer tief gespaltenen Gesellschaft entstehen. Die Verflechtung der beiden Sphären ergibt den tragikomischen Gehalt des Lebens.
Die Welt der Herrschenden, der Besitzenden und Regierenden ist jedoch aus dem Stück eliminiert. Das Rattenhaus repräsentiert damit den Ort unglücklicher, verkrachter, krimineller, lichtscheuer, abrutschender Existenzen. Deutlich wird als ständig drohendes Moment die Gefahr des Deklassiertwerdens, des sozialen Untergangs. Figuren der bürgerlichen Sphäre tauchen hier nur besuchsweise und mit offensichtlicher Abscheu auf – Nathanel Jettel etwa spricht von „dieser entsetzlichen Mietskaserne" (S. 16) –; das Haus verlassen zu können, wird zu einer Frage des Überlebens.
Die Auseinandersetzungen in diesem Haus haben die verschiedensten Anlässe: es geht um den Kampf um ein Kind, um Rollenkonflikte zwischen Männern und Frauen, Müttern und Vätern, um Generationenkonflikte und um das nackte Überleben. Die sozialen Ängste, die ihnen zugrunde liegen, sind nur unter einer dünnen Decke verborgen.

A 8: Mutter John – Ein Kind um jeden Preis?

Die Familienbilder (**A 8, M 1**) bieten einen Anstoss, sich mit Henriette John, der Hauptperson, und ihrem Kinderwunsch auseinanderzusetzen. Seit 1875 kommt es in Deutschland zu einer langfristigen Abnahme der Geburtenziffer, die bis in die 30er Jahre dieses Jahrhunderts reicht. In ihr zeigt sich ein Wandel des Fortpflanzungsverhaltens in Richtung auf eine bewusste Beschränkung der Kinderzahl. Gleichzeitig gewinnt das Leben in dieser kleiner gewordenen Familie an sentimentaler Bedeutung: im Zentrum steht nicht mehr der materielle Nutzen, den Kinder bedeuten, zum Leitbild wird vielmehr die Bürgerfamilie als gutsituierte Kleinfamilie. In ihr bestimmt der Vater die gesellschaftliche Stellung, die Mutter ist für die drei K's verantwortlich, beide verbunden in ehelicher Liebe, verbunden auch im Interesse an der Aufzucht wohlgeratener und wohlerzogener Kinder. Über sie definiert sich der soziale Status; sie haben sich bei der Berufs- und Partnerwahl nach dem Wunsch der Eltern zu richten; Heiratsbeziehungen sollen dem Aufstieg oder der Statussicherung der Familie dienen (vgl. dazu: Ingeborg Weber-Kellermann: Die deutsche Familie, Frankfurt/M 1981, S. 107ff.).
Die patriarchalischen Machtverhältnisse drücken sich auch in der Pyramiden-Anordnung der Familienmitglieder aus (s. Bild 2). Die Kleidung der Kinder ist ebenso steif wie die der Eltern; sie sind kleine Erwachsene, die sich ihrem Vorbild gemäß verhalten sollen und denen keine eigene Entwicklung zugestanden wird.
In diesen Familienverhältnissen sich einzurichten, ist auch Ziel von Henriette John. Ihr brennender Wunsch nach einem eigenen Kind ist mehr als ein individueller mütterlicher Trieb – obwohl er für Hauptmann auch das ist (vgl. **A 9, M 5**) und wie es das Foto **A 8, M 3** nahelegen könnte – in ihm erkennt man auch den sozialen Aufstiegswillen und den Wunsch, diese Position in der nächsten Generation weiterzugeben.
Die „Mutterliebe" lässt sich so in verschiedene Facetten aufspalten: Eine detaillierte Analyse verschiedener Textstellen ergibt die einzelnen Antriebskräfte, aus der sich Henriette Johns „Mutterliebe" speist. Gleichzeitig wird deutlich, wie sie sich durch diesen unbedingten Kinderwunsch in ein Gestrüpp aus Lügen und Betrug verwickelt, aus dem es schließlich keinen Ausweg mehr gibt. Die Ergebnisse der Textanalyse werden in einem Tafelanschrieb (**A 8, M 2**) festgehalten.
Der unerfüllte Kinderwunsch, der Henriette John umtreibt, belastet Menschen zu Beginn des 21. Jahrhunderts nicht weniger, als es Hauptmann in seinem Drama beschreibt. Keineswegs stellt er ein Einzelschicksal dar: In den Industrieländern bleiben heute etwa 10 bis 15% aller Partnerschaften ungewollt kinderlos. In der Bundesrepublik warten rund 2 Millionen Paare vergeblich auf Kinder. Seit den siebziger Jahren ist allerdings mit Hilfe der Reproduktionsmedizin, etwa der In-

Vitro-Fertilisation, eine erfolgreiche Sterilitätsbehandlung möglich. Vielen erscheint dieser Weg als ein Fortschritt, dem zahlreiche Frauen und Paare eigene Kinder verdanken. Andere sehen darin vor allem eine Gefahr, da bislang private Bereiche des Lebens kommerzialisiert und Tabus im Umgang mit menschlichem Leben gebrochen werden.
Ein Text aus dem GEO-Magazin 2002 illustriert, wie aktuell der unbedingte Wunsch nach Kindern auch heute noch ist. Auf diesem Hintergrund erscheint Henriette John den Schülern näher, und sie können ihr Verhalten besser nachvollziehen. Der Text deutet lediglich an, wie belastend der „Traum vom Kind" für die Betroffenen werden kann und welche Risiken für sie mit der medizinischen Technik verbunden sind. Zu sprechen wäre über starke körperliche wie psychische Nebenwirkungen, die geringen Erfolgschancen dieser Verfahren, Sterilitätskrisen … Auch grundlegende ethische Probleme (die Fragwürdigkeit medizinischer „Machbarkeit" von genetisch perfektem Nachwuchs, die Kommerzialisierung des weiblichen Körpers durch „Leihmutterschaften"…) sollten in das Gespräch eingebracht werden. Dabei wird als Ergebnis deutlich werden, dass der unerfüllte Wunsch nach einem Kind, obwohl in der Öffentlichkeit weit weniger diskutiert, stets als Pendant neben der Frage nach dem Umgang mit einer ungewollten Schwangerschaft steht.

A 9: Pauline Piperkarcka – Von Frauen, die ihr Kind weggeben

Pauline Piperkarcka teilt ihr Schicksal wohl mit zahlreichen Mädchen, die im 19. Jahrhundert aus dem Osten Polens in die Reichshauptstadt reisen, um hier Arbeit im Haushalt zu finden. Dienstmädchen gibt es in großer Zahl, so dass mit dem Überangebot die Diskriminierung einhergeht. Ihr Prestige ist nur wenig besser als das des Haushaltsinventars; dem wachsenden Standesdünkel der Bürgerdame entspricht die verachtete Stellung des Dienstmädchens.
Häufig haben sie keine eigene Rückzugsmöglichkeit im Haus der „Herrschaft"; sie erhalten ein Bett auf dem „Hängeboden" über der Küche, der weder Licht noch Luftlöcher besitzt und nur durch eine Leiter erreicht werden kann. Teilweise haben sie nur ein Schrankbett auf dem offenen Flur oder eine Matratze im Baderaum zur Verfügung (vgl. dazu: Ingeborg Weber-Kellermann: Die deutsche Familie. Versuch einer Sozialgeschichte, Frankfurt/M 1974, S. 118–127).
Der geringe Stellenwert des „Dienstpersonals" geht deutlich aus einer Anzeige des Berliner Vermietungs-Kontors hervor, ebenso der Versuch dieser Mädchen, ihre Stellung durch ausgesuchte Kleidung („dienstmädchenhaft aufgedonnert" lässt Hauptmann die Piperkarcka auftreten) und den Besuch von „Dienstbotenbällen" zu kompensieren (**A 9, M 1–3**).
Pauline Piperkarckas Schicksal dürfte durchaus typisch für ihre Zeit sein: sie wird von ihrem Geliebten geschwängert und daraufhin verlassen. Aufgrund der Schwangerschaft verliert sie die Arbeitssstelle, womit auch die Übernachtungsmöglichkeit verloren geht; zu ihren Eltern traut sie sich nicht mehr zurück. Sie ist damit in einer unerträglichen wirtschaftlichen, sozialen und psychischen Zwangslage, einer Situation, die sie mit den meisten Frauen teilt, die zu Beginn des 20. Jahrhunderts – und bis heute – gezwungen sind, ihr Kind weg zu geben.
Gesetzliche Adoptionsregelungen existieren für das Deutsche Reich erst seit 1896. Sie sind v.a. auf das Interesse des Staates, Kosten zu sparen, wie das der kinderlosen Ehepaare, Nachkommen und Erben zu sichern, ausgerichtet. Die Situation der Kinder findet wenig Beachtung, diskriminiert aber werden weiterhin die alleinstehenden Mütter, deren Notlage unberücksichtigt bleibt (**A 9, M 7**).
Bis heute hat sich an dieser Problematik von Adoptionen wenig geändert. Der bürokratische Vorgang an sich ist ausgefeilt („Inkognito-Adoptionen"). Er verlangt eine radikale Trennung der leiblichen Mutter von ihrem Kind, damit es unbelastet von seiner Herkunft bei den neuen Eltern aufwachsen kann. Daraus resultierende Probleme für die Kinder, die leiblichen Mütter wie die Adoptiveltern werden jedoch kaum geringer (**A 9, M 4**).
Die Fülle an Problemen für alle Beteiligte, die Hauptmann in seiner Gestaltung der Piperkarcka-Handlung anschneidet, sollen hier nur stichwortartig genannt werden. Sie können Anlass für Diskussionen bieten:

- „Rabenmütter": die Not der Mütter, die ihr Kind weggeben
- „Neu-Eltern": sie sind keine „ganz normale" Familie; Ängste, Kontakte mit der leiblichen Mutter zuzulassen, das Kind an sie zu verlieren
- Adoptivkinder: sie sind „weggegeben", „verstoßen" – wie können sie mit der Erfahrung umgehen, nicht akzeptiert worden zu sein?
- Adoption als Alternative zur Abtreibung?
- Adoptionen erleichtern (entspricht dem Interesse der Neu-Eltern) oder den leiblichen Müttern mehr Hilfe zukommen lassen?

Gerhart Hauptmanns Verständnis von „Mutterliebe" ist zu der Zeit, als er das Drama schreibt, durch

leidvolle eigene Erfahrungen geprägt: am 9.Mai 1910 stirbt, zwei Tage nach der Geburt, sein fünfter Sohn Gerhart Erasmus. Tagebucheintragungen (**A 9, M 5**) lassen erkennen, wie schmerzlich dieser Verlust für die Eltern ist. Hauptmann versucht in dieser Situation, die Gefühle seiner Frau zu verstehen. Er sieht in der Mutterschaft das natürliche Idealbild einer Frau schlechthin: erst als Mutter erlange sie ihre wahre Weiblichkeit; von ihrem Geschlecht her weist er der Frau die Aufgabe der Immer-Sorgenden zu. Vor allem sein Eintrag vom 10. Mai lässt aber auch Unsicherheiten im eigenen Weltbild spüren. Auf Hauptmanns apodiktisches Statement – „Das erst macht ihre Seele voll lebensfähig; sonst ist sie gewissermaßen verarmt." – folgt eine doppelte Relativierung: zunächst der Hinweis auf eine mögliche mangelnde Einsicht der Frau – „Es kann sein, dass sie selbst nicht weiß, wie verarmt sie ist." –, dann der Optativ, der die Exklusivität der Mutterschaft hervorhebt: „Sie müsste in allen erwacht sein. Die Mutter-aufgabe ist furchtbar, ist gefahrvoll und reich!" Er scheint daran zu zweifeln, ob diese biologische Sicht denn mehr als das eigene Wunschbild ist.
Die Arbeit von Elisabeth Badinter über „Die Mutterliebe" stellt diesem Frauenbild ein Verständnis entgegen, das in biologische und gesellschaftliche Kategorien differenziert ist. In ihrer historischen Studie verweist sie darauf, dass Mutterliebe keine natürliche Konstante, sondern ein Gefühl sei, das sich unter spezifisch historischen Gegebenheiten entwickelt und verändert habe. In ihren abschließenden Thesen stellt sie das „klassische mütterliche Gefühl" in den Kontext gesellschaftlicher Zwänge, die dazu dienten, Herrschaftsstrukturen zu festigen; sie schließt, indem sie mütterliche und väterliche Liebe als identische Gefühle nebeneinander stellt (**A 9, M 6**).

A 10: Die „wahre" Mutter – die natürliche oder die soziale?

Der Dialog von Henriette John und Pauline Piperkarcka im II. Akt lässt zwei Interessenkonflikte aufeinanderprallen. Aus der prinzipiellen Unvereinbarkeit der Positionen ist die Härte in der Auseinandersetzung zu verstehen. Mit allen Mitteln will Henriette John verhindern, dass die ledige Mutter ihr Kind zurückholt. Eine detaillierte Dialoganalyse (**A 10, M 1**) ergibt, welch breite Palette an Gesprächsstrategien sie aufbietet: sie droht, schlägt, biedert sich an, gibt sich mütterlich-jovial, stellt sich dumm – um an Ende resignierend erkennen zu müssen, dass sie den von der Piperkarcka gesetzten Fakten, der Anmeldung auf dem Standesamt, nichts mehr entgegenzusetzen hat. Ihr Vorgehen wirkt dabei weniger bewusst eingesetzt als schlau, sie agiert entschlossen und leidenschaftlich, mehr instinktiv jedoch als rational planend.
Sprachliche wie nichtsprachliche Kommunikation soll im Verlauf des gesamten Auftritts analysiert werden. Erst durch den Kontrast von verhüllender Rede und entlarvender Gebärde gewinnt das Verhalten der Personen für den Zuschauer an Suggestionskraft. Regieanweisungen offenbaren die Kollision von Bewusstsein und Unterbewusstsein, die Divergenz zwischen sprachlicher Kommunikation und der psychischen Konfliktlage. Deutlich wird: was sich in der Sprache als ehrliche Meinungsäußerung ausgibt, steht nicht in Einklang mit den realen Wünschen. Damit wird eine eigentliche Verständigung unmöglich: wie die Sätze bleibt auch das Verhältnis zwischen den Kommunikationspartnern beziehungslos, es wird eine nur noch äußerliche akustische Beziehung erkennbar. Die verbale Kommunikation widerspricht häufig dem, was unterhalb der Worte als Subtext der Mitteilung dient, d.h. Personen, die ihre Probleme nicht mehr in sprachliche Form bringen können, bleiben auf Worthülsen beschränkt. Was hier am Beispiel von Henriette John analysiert wird, gilt in ähnlicher Weise für Direktor Hassenreuter. Sein Bildungsjargon rekrutiert sich aus Zitaten, stehenden Redewendungen, konventionellen Floskeln: vorgestanzten Sprachformeln, Klischees bürgerlicher Moral und Verhaltensweisen.
Die Auseinandersetzung der beiden Frauen erinnert nicht zufällig an das klassische Modell für Gerechtigkeit im Streit um die Zugehörigkeit eines Kindes. Hauptmann hat Verweise auf das Alte Testament in zwei Textpassagen angelegt: Spittas Replik im V. Akt – „Wäre ich Richter in Israel ..." (S. 113, Z. 12) spielt ebenso wie Hassenreuters Bemerkung am Ende des III. Aktes – „Hier ist ohne Zweifel einer gewesen, unsichtbar, der über das unbeteiligte arme kleine Streitobjekt ein wahrhaft salomonisches Urteil gesprochen hat" (S. 74, Z. 22–25) – auf die Erzählung von dem weisen königlichen Richter Salomo an (**A 10, M 2**). Auch in der Bibel geht es um den Streit zweier Mütter um ein Kind, das jede von ihnen als ihr eigenes beansprucht. Er wird durch ein scheinbar gerechtes, aber grausames Urteil entschieden: das Kind soll zerteilt werden. Das Urteil erweist sich als kluger psychologischer Kunstgriff, denn die wahre Mutter wird an ihrem Verzicht um des Lebens des Kindes willen erkannt.
Der Vergleich mit dem biblischen Stoff lässt die Diskrepanz und den Zynismus deutlich werden, der dem Kommentar Hassenreuters zugrunde liegt: ist in der Bibel die leibliche Mutter die richtige, so erscheint Frau John in den „Ratten" als wahre Mutter,

denn die Piperkarcka ist offensichtlich überfordert. Salomos Todesdrohung ist nur ein Mittel, um die wahre Mutter zu finden, während hier das Kind tatsächlich stirbt. Schärfer könnte die Distanz zwischen der „Ratten"-Welt und dem utopischen Bild von Gerechtigkeit, das in der Bibel angelegt ist, nicht zum Ausdruck kommen.
Ein Vergleich mit Bert Brechts „Kaukasischem Kreidekreis" bietet sich hier an. Auch in seiner Fassung geht es um den Konflikt zwischen leiblicher und sozialer Mutter. Gerade im Vergleich mit dem didaktischen Optimismus der Fabel Brechts kann der Pessimismus, mit dem Hauptmanns Drama an den Salomo-Stoff anknüpft, veranschaulicht werden.

A 11: Frauenrollen im 19. Jahrhundert

Zwei Bildimpulse deuten auf das Rollenkorsett hin, dem Frauen im ausgehenden 19. Jahrhundert unterworfen waren: die Mode verlangte eine „Wespentaille", die nur durch ein starkes Einschnüren möglich wurde. Zumindest die Kleidung der bürgerlichen Damen war durch das enge Korsett geprägt. Gesundheitliche Probleme waren eine natürliche Konsequenz, die häufigen Ohnmachten erhielten mit dem Begriff der „Bleichsucht" ein eigenes Krankheitsbild. Die eingeschränkte Bewegungsfreiheit ist Sinnbild für die geringen Entfaltungsmöglichkeiten, die Frauen zugestanden wurden: sie hatten sich dem Mann unterzuordnen. Die Frauenbewegung in Deutschland veränderte daher auch das äußere Erscheinungsbild: Kostüm und Hemdbluse wurden nach 1900 zum beliebten Anzug der emanzipierten Frau.
Deutlich wird die patriarchale Gesellschaftsordnung auch im zweiten Bildimpuls, der das Verhalten bürgerlicher Frauen in der Öffentlichkeit zeigt: den Blick nach vorne gerichtet, neben dem Mann sitzend, der einen prüfenden Blick auf die Frau richtet, ohne die sozialen Grenzen zu überschreiten (A 11, M 1 / M 2).
An vier prägnanten Beispielen gestaltet Gerhart Hauptmann in seinem Drama das Schicksal von Frauen: der ins Lumpenproletariat abgesunkenen Sidonie Knobbe, dem Dienstmädchen Pauline Piperkarcka, der jugendlichen Naiven Walburga Hassenreuter und ihrer Mutter. Textstellen und Untersuchungskriterien für die genaue Textanalyse werden den Schülern vorgegeben (A 11, M 3). Die gemeinsam erarbeiteten Ergebnisse werden in einem Tafelanschrieb festgehalten. Bei aller individuellen und sozialen Differenzierung wird als gemeinsames Merkmal doch deutlich, dass die Frauen nur wenig Rollenbilder zur Auswahl haben: entweder sie heiraten und werden Mutter – oder es droht der soziale Abstieg.
In der Reihe dieser Frauenschicksale wird ein Bauprinzip des Stückes deutlich: das Nebeneinander von ähnlichen Fällen ermöglicht eine vergleichende Betrachtung und Analyse. Dadurch entsteht ein Netz von Urteilen und Kommentaren, an deren Herstellung alle Personen beteiligt sind. Für den Zuschauer ergibt sich ein Spektrum sozialen Verhaltens, das den gesellschaftskritischen Charakter des Stückes ausmacht, auch ohne dass Hauptmann sich explizit zum Geschlechterverhältnis äußert.
August Bebel hat die Abhängigkeit der Frau vom Mann bereits 1883 in seiner weit verbreiteten Kampfschrift „Die Frau und der Sozialismus" analysiert und in streitbaren Thesen auf den Punkt gebracht: Für die Männer seien Frauen nur Mittel zum Zweck des eigenen Nutzens und Vergnügens, als untergeordnete Wesen in ihrer Funktion als Hausfrau vorstellbar, sie bestreiten ihre intellektuelle Gleichberechtigung, um die eigene Dominanz zu wahren. Frauen, die sich diesem Schema beugen, werden anerkannt, bezahlen dafür aber mit physischem und psychischem Leiden. Ziel sozialistischer Politik müsse daher die „Gleichheit aller Menschen" sein – eine Vorstellung, mit der Bebel seiner Zeit weit voraus eilt. In den Anmerkungen zur Prostitution trifft er sich mit Hauptmanns Aversion gegen eine pharisäerhafte Heuchelei, die in der Gestalt des kleinbürgerlich-spießigen Pastors Spitta zum Ausdruck kommt. In seiner bornierten, lebensfeindlichen Kirchenfrömmigkeit mag er den eigenen Anteil am Schicksal seiner Tochter nicht einzusehen (A 11, M 4/5).
Rollenklischees haben sich im Verlauf des 20. Jahrhunderts verändert. Dass sie nicht grundsätzlich über den Haufen geworfen wurden, zeigt noch der Bestseller von Ute Ehrhardt: „Gute Mädchen kommen in den Himmel – böse überall hin" (A 11, M 6). Ihre Strategien für „böse Mädchen" knüpfen am Verhalten starker Frauengestalten an und fordern Durchsetzungsfähigkeit und ein großes Maß an Rücksichtslosigkeit – Eigenschaften, die über Selbstverständlichkeiten nicht hinauskommen und in ihrer gemäßigten Radikalität nicht jede(n) überzeugen werden. Die hohen Verkaufszahlen dieses Buches deuten aber darauf hin, dass die Autorin offensichtliche Defizite aufgreift. Über ihre Ratschläge und Beispiele gilt es zu streiten.

A 12: Männerbilder

Wie beim Thema „Frauenrollen" wird wieder mit einem Bildimpuls als Einstieg gearbeitet. Männli-

ches Selbstverständnis zeigt sich in einer Fotografie, die im Klischee des 19. Jahrhunderts die Liebe zwischen Mann und Frau darstellt: er hält sie in seinen Armen, mit geschlossenen Augen drückt er ihr von oben her einen Kuss auf die Lippen; sie schaut ihn sehnsuchtsvoll an, die Hand an seinem Oberarm, wohl um ihn zurückzuhalten, wenn er ihr zu nahe kommen sollte (ohne diesen Widerstand jedoch allzu deutlich zum Ausdruck zu bringen). Seine Bekleidung scheint noch intakt zu sein, während sie bereits halb entkleidet im Bett liegt: eine Eroberung par excellence (**A 12, M 1**).
In einem ähnlichen Verfahren wie dem für die Frauenrollen erprobten kann dieses Rollendenken auf die Männerfiguren des Dramas angewandt werden. Auch hier sollen anhand vorgegebener Textstellen individuell wie sozial sehr diskrepante Rollen untersucht werden: der rebellische Sohn Erich Spitta und sein Vater, die schillernde, sich allen Festlegungen entziehende Figur des Theaterdirektors Hassenreuter, der biedere Maurerpolier John und sein Kontrahent, der Verbrecher Bruno Mechelke. Die gemeinsam erarbeiteten Ergebnisse werden in einem Tafelanschrieb festgehalten (**A 12, M 3**).
Als gemeinsame Konstante all dieser Figuren lässt sich festhalten, dass die Männer durchweg nach Dominanz streben und in ihrem Selbstbewusstsein die Welt – und insbesondere die Frauen – beherrschen wollen. Bei allen Männern zeigt sich jedoch auch, dass ihr Selbstbewusstsein sich an eigenen Widersprüchen wie an den Schranken der äußeren Verhältnisse bricht: sei es aufgrund von ideologischen, gesellschaftlichen oder ökonomischen Abhängigkeiten, wegen uneingestandener eigener Bedürfnisse oder ihrer abnehmenden Attraktivität auf dem Geschlechtermarkt.

A 13: Bruno – Mörder mit Gemüt

Auch hier soll mit einem Bildimpuls in die inhaltliche Erarbeitung eingeführt werden: das Foto (**A 12, M 2**) demonstriert zur Schau gestelltes Selbstverständnis, ein Bild von Kraft und Beherrschung, das die gekreuten Arme vor einem muskulösen nackten Oberkörper, das emporgereckte Kinn, die straff zurückgekämmten Haare, der stechende Blick nach vorn verkörpern. Versteckt in der Tätowierung auf dem linken Oberarm zeigt sich aber auch ein Zeichen von Gefühl und Weichheit, das Klischeebild von hartem Kern und weicher Schale drängt sich auf.
Diese Kombination von Brutalität und Gemüt ist auch in der Figur Bruno Mechelkes angelegt. Er wird bereits mit dem ersten Auftritt durch seine äußere Erscheinung festgelegt (S. 7, Z. 3–30): Physiognomie („niedrige, weichende Stirn ..."), Körperhaltung („vornübergebeugt") und Beschäftigung („Mausefalle") verkörpern das Rattensymbol in allen Facetten. Er spielt selbst auf das Gespensterthema an, wenn er Pauline Piperkarcka Angst einflößt („ick bin'n Jespenst"). Damit ist er Repräsentant der unterirdischen, dämonischen Mächte, ein Außenseiter, dem alles zuzutrauen und der auch zu allem fähig ist.
Wenig später (S. 10, Z. 20–S. 11, Z. 28) wird im Verhältnis zur Schwester deutlich, wie schwach er ihr gegenüber ist. Bruno ist von Beginn an Mitwisser des Kinderhandels. Er wird von Henriette John gewarnt („det jeht dir nischt an"), eingeschüchtert („weeßt du woll, wat du mir schuldig bist?"), auf seine frühkindlichen, schädlichen Neigungen verwiesen („schon mit fünf, sechs Jahre alt"), mit seiner Schuld ihr gegenüber konfrontiert („un det ick dir sollte loofen lassen") und bedroht („Denn bist du'ne Leiche!"). Die ältere Schwester ist in dieser Beziehung der dominierende Part. Sie hält ihren Bruder in Abhängigkeit und setzt ihn als Werkzeug ein. Ihre Sprache deutet an, dass sie in enger Verbindung auch zum kriminellen Milieu Brunos steht.
Die komplizenhafte Vertrautheit der Geschwister wird in besonderer Weise am Ende des IV. Aktes deutlich, als Bruno in einer wortkargen Szene der Schwester den Mord an Pauline Piperkarcka gesteht. Eine differenzierte Textanalyse des Gesprächs (**A 13, M 1**) zwischen Bruder und Schwester soll die Mischung aus lapidarer Skrupellosigkeit und innerer Bewegtheit veranschaulichen, die erkennbar wird, wenn Bruno langsam, vorsichtig und gleichsam unfreiwillig das Geschehen rekapituliert. In fünf Gesprächsabschnitten gibt er, von äußeren Anlässen (dem Geräusch der Kirchenglocken) angetrieben, immer weitere Details preis. Über zwei Tage haben sich seine Annäherung an Pauline und der Versuch, sie zum Schweigen zu bringen, hingezogen. Die dramatische Suggestivität der Szene wird durch ihre Andeutungstechnik unterstützt. Der Zuschauer muss sich aus den vagen Äußerungen Brunos ein eigenes Bild machen; er spürt der Bedrohlichkeit der Vorgänge nach, versucht sich aus den kargen Sätzen in die Situation des Opfers wie des Täters einzufühlen. Trotzdem bleibt offen, was sich in der entscheidenden Szene zwischen Bruno und Pauline tatsächlich abgespielt hat.
Mit Hilfe des szenischen Spiels wird daher nach dieser Phase der eingehenden Textanalyse in einem nächsten Schritt versucht, diese Leerstelle zu füllen. Die Schüler versetzen sich in die Rolle Brunos bzw. Paulines und spielen die gleiche Situation nach. Sie sollen sich in beide Figuren einfühlen, indem sie ver-

suchen, ihr Verhältnis zueinander aus den Andeutungen Brunos zu klären. Sie sollen von der Begegnung der beiden vor der Tat ausgehen – schließlich hat Bruno „de halbe Nacht [...] mit ihr jetanzt" (S. 94, Z. 8) – und in ihrem Spiel die Absichten Brunos und Paulines vor dem Mord und Brunos Verhalten danach deutlich werden lassen. Dabei werden durchaus unterschiedliche Varianten entstehen, die der emotionalen Beziehung der Schüler zum Text und ihrer individuellen Interpretation folgen.
Abschließend lernen sie eine moderne Adaption dieser Rolle kennen: Rudolf Noelte hat im Herbst 1977 die „Ratten" für die Freie Volksbühne Berlin inszeniert und die Rolle Bruno Mechelkes mit Gottfried John besetzt. Seine darstellerische Leistung wird in einem Beitrag der Zeitschrift „Theater heute" hervorgehoben (A 13, M 2). Die Autorin, Sibylle Wirsing, weist darin besonders auf die Ambivalenz von Brutalität und „kindlich unversierte(r) Seele", den „Milieu-Krüppel" in der Rollenadaption Johns hin.

A 14: Erich Spitta – „Wir sind die Zukunft"

Ambivalente Gestalten sind die Personen in Hauptmanns Drama durchweg. Davon macht auch Erich Spitta keine Ausnahme. Er, der am deutlichsten an idealistische Positionen des Naturalismus erinnert, die der Autor in seiner Jugend selbst vertreten hat – Sequenz VII wird das noch einmal verdeutlichen –, wird von der Neigung Hauptmanns, (selbst-)kritisch und ironisch naives Rebellentum bloßzustellen, besonders getroffen.
In zwei Textpassagen (S. 37, Z. 1–S. 38, Z. 20 und S. 83, Z. 12–S. 84, Z. 17) findet sich die Diskrepanz von Wort und Tat in prägnanter Weise: im vierten Akt erinnert die Wortwahl in ihrem phraseologischen Bombast an den pastoralen Predigerton, dem Spitta sich durch seine Theaterausbildung gerade entziehen möchte. Er berauscht sich an seinen eigenen Worten. Nimmt man die Regieanweisungen im Kontext der Textstellen hinzu, wird jedoch deutlich, dass Erich Spittas missionarische Haltung durchaus handfeste Interessen kennt: er ist für das reizvolle Äußere Walburgas empfänglich (S. 83, Z. 9) – wovon sie aber nichts wissen will, was ein Licht auf ihr idealisierendes Bild des Bräutigams wirft – und er lässt sich, indem er „Tränen hinunterwürgt", von ihr den Geldbeutel zustecken (S. 84, Z. 28).
Ähnliches gilt für die Situation, in der er tatsächlich aktiv wird: er tritt für Sidonie Knobbe, eine im wortwörtlichen Sinn „gefallene Person" ein, macht sich nicht „aus dem Staube" wie seine Kollegen (S. 35, Z. 20), sondern ist zu Opfern bereit. Soziale Verantwortung ist seine Lebensmaxime, der Erich Spitta im Kampf gegen seinen Vater und in der Erinnerung an seine Schwester folgt. Weiter als bis zu symbolischen Gesten reicht sein Engagement allerdings nicht: das weitere Schicksal von Frau Knobbe spielt keine Rolle. Soziale Tragik kennt er wohl als dramatisches Phänomen (S. 54, Z. 4–7), im realen Alltag bleibt er aber blind für die Sorgen der Frau John.
Es ist daher nur konsequent, wenn die Rebellion des Sohnes gegen seinen Vater am Ende verpufft, er zum Schwiegersohn des Theaterdirektors avanciert. Abzusehen ist, dass er sich in die materielle und familiäre Abhängigkeit seiner Schwiegereltern einbinden lässt – der soziale Revolutionär hat damit ausgedient. Die Ergebnisse der Textarbeit werden in einem Tafelanschrieb (A 14, M 1) zusammengefasst.

A 15: Mütter und Väter

In Hauptmanns Drama ist Frau John die überragende Muttergestalt; sie sprengt in der pathologischen Steigerung ihres Verhaltens die Situation, ihre (selbst-)zerstörerische Kraft überragt alle anderen Personen. Sie kämpft gnadenlos und verzweifelt um das Kind der Piperkarcka. Ihre Fixiertheit auf dieses Kind, diese kriminelle und wahnhafte Variante der Mutterliebe, muss aber im Kontext der anderen Akteure gesehen werden.
Das Scheitern der Elterngeneration soll durch die gezielte Analyse ausgewählter Textstellen herausgearbeitet werden. Die Ergebnisse der Textarbeit werden in einem Tafelanschrieb (A 15, M 1) festgehalten. Väter und Mütter sind nicht mehr in der Lage, das Leben der Kinder retten oder beschützen zu können. Das gilt im verkommenen Milieu dieser Mietskaserne für Pauline Piperkarcka, die zu einfältig und unfertig ist, um ihrem Kind Schutz bieten zu können wie für Sidonie Knobbe, deren Töchter auf dem Strich landen, für Frau Kielbacke, unter deren Obhut Kinder sterben wie für Herrn John, der hasserfüllt sein Ehrgefühl über das Schicksal eines Kindes stellt. Auch in der bürgerlichen Sphäre bedrohen die Väter das Leben ihrer Kinder: Pastor Spitta will seinen Sohn zum Gehorsam zwingen oder ihn aus der Familie ausstoßen, so, wie er es bei seiner Tochter bereits getan hat. Hassenreuter schlägt seine Tochter und droht, sie aus dem Haus zu jagen, obwohl er selbst von seinen Eltern verlassen wurde (s. S. 64, Z. 20–22).
Das Verhalten dieser Elterngeneration wird in einem nächsten Schritt mit dem Henriette Johns verglichen. Im Vergleich wird die erschreckende Unzulänglichkeit der Eltern, die vor allem auf sich selbst fixiert sind, deutlich. Ihnen gegenüber erscheint Frau Johns Verhalten in einem anderen Licht: Sie ist

der einzige Mensch, der die Mutter-Kind-Beziehung ernst nimmt; mehr als die leibliche Mutter des Kindes gibt sie ihm eigentlich das Leben. Zu recht betont sie: „Soll mir det nicht jeheren, wat ick for Wechwurf uffjelesen, wo for dot in Lumpen jelejen hat und wo ick ha miehsam erscht missen reiben und kneten, bis bißken Atem jeholt und langsam lebendig jeworden is?“ (S.106, Z. 2–5). Ihr Scheitern, das müsste als Resumé dieser Stunde deutlich werden, ist nicht zuletzt das Ergebnis einer Welt, die im System falsch ist und egozentrisches Verhalten produziert.

Sequenz IV: Ratten-Sprache

A 16: Die Funktion des Dialekts

Wirklichkeit exakt zu reproduzieren, ist zentrales Ziel naturalistischer Literatur. Die Realität soll minuziös nachgezeichnet werden, etwa indem die Dramatiker den Bühnenraum detailliert beschreiben. Vor allem aber setzen sie Sprache anders ein als bislang gewohnt. Die Schriftsprache, wie sie noch in den Werken Henrik Ibsens gebräuchlich war, ersetzen die Naturalisten durch eine Sprache, die dem Alltag so weit wie nur möglich angenähert ist: im Wortschatz, im Satzbau, in der Stimmführung, in einer nuancierten Wiedergabe mundartlicher Wendungen, um so den psychischen und sozialen Bedingungen der Sprecher näher zu kommen. Radikal werden damit traditionelle Hörgewohnheiten über den Haufen geworfen: so ist Gerhart Hauptmanns Urfassung der „Weber“ außerhalb Schlesiens so gut wie unverständlich.
Sein Verfahren soll zunächst an einigen Textpassagen der „Ratten“ im „Eigenversuch“ erprobt werden. Die Schüler dürfen dafür ihre eigenen Sprachfähigkeiten einbringen und den Berliner Bühnendialekt in den Heimatdialekt übersetzen. Grundlage bilden dafür Textsequenzen, die Hans Neuenfels in seiner Inszenierung am Frankfurter Schauspiel 1973/74 paradigmatisch vorgestellt hat (**A 16, M 1**). Der erste Satz (S. 85, Z. 18–21) kann gemeinsam von Lehrer und Schülern übertragen werden; an den folgenden Textauszügen (S. 85, Z. 27–35; S. 85, Z. 39–S. 86, Z. 2; S. 86, Z. 5–9; S. 28, Z. 9–19; S. 28, Z. 21–33) arbeiten die Schüler in Gruppen alleine.
Die Arbeit an diesen Passagen soll dazu dienen, die Figurendifferenzierung in den „Ratten“ zu erkennen. Darüber hinaus wird deutlich, dass die Mischung von Dialekt, Alltagssprache, hochdeutschen Begriffen, Fachtermini eine babylonische Sprachverwirrung entstehen lässt, die – so Hans Neuenfels – in Kommunikationsunfähigkeit mündet. Insgesamt lassen sich als Leistung der mundartlichen Sprechweise die folgenden Aspekte sprachlichen Handelns herausarbeiten:

- der mediale Aspekt: Dialekt als Reproduktion wirklich gesprochener Sprache
- der topographische Aspekt: Dialekt als Zeichen regionaler Zuordnung
- der soziale Aspekt: Dialekt als Ausdruck gesellschaftlicher Positionen
- der Beziehungsaspekt: Dialekt als Ausdruck von Beziehungsqualitäten
- der psychische Aspekt: Dialekt als Ausdruck individueller Charakterisierung.
- der poetologische Aspekt: Dialekt als Bestandteil naturalistischer Kunsttheorie

(Vgl. dazu: Ernest W. B. Hess-Lüttich: Soziale Interaktion und literarischer Dialog. II: Zeichen und Schichten in Drama und Theater: Gerhart Hauptmanns „Ratten“, Berlin 1985 [Philologische Studien und Quellen H.98], S. 215–220).

A 17: „In eigener Sprache reden“

Im folgenden Arbeitsschritt soll untersucht werden, wie Hauptmann seinen wichtigsten Personen individuelle Gestalt verleiht, indem er ihnen eine je eigene sprachliche Färbung zuweist. In ihren Äußerungen spiegeln sich soziale wie geographische Herkunft, Bildungsvoraussetzungen und professioneller Rhetorikstil: die Aspekte sprachlichen Handelns (s. o.) können hier noch einmal am konkreten Beispiel erfahrbar werden. Die Schüler untersuchen zu diesem Zweck in arbeitsteiliger Gruppenarbeit die Sprache der wichtigsten Personen. Die Aufgabenstellung ist für alle Figuren identisch: es geht um phonetische, grammatikalische, syntaktische und Wortschatzmerkmale, die zu einem Gesamteindruck zusammengefasst werden sollen. Relevante Textpassagen sind jeweils angegeben (**A 17, M 1**).
Am Beispiel von Bruno Mechelke, Pauline Piperkarcka, Harro Hassenreuter und Erich Spitta werden Ergebnisse dieser Sprachanalyse dokumentiert (**A 17, M 2**). Sie lassen zunächst die Zuordnung des Dramenpersonals in eine bürgerliche und eine proletarische Welt erkennen. Diese Zweiteilung äußert sich im Gegensatz von ausgeprägtem bzw. nicht vorhandenem Dialektgebrauch, Unsicherheiten in Grammatik und Syntax gegenüber normgerechtem Hochdeutsch, einem Wortschatz, der von Sprachohnmacht bis zu elegantem Parlando reicht. Über diese generelle Zuweisung hinaus wird eine Binnendifferenzierung beider Welten erkennbar, die den

Verbrecher mit seiner „Rinnsteinsprache“ vom „Pidgindeutsch“ des polnischen Dienstmädchens trennt, den blendenden Theatermenschen vom pastoralen Schwulst des abgesprungenen Theologiekandidaten. Die interne Unterscheidung leistet Hauptmann vor allem auf der Ebene des Wortschatzes. Das gemeinsame Raster für die Sprachuntersuchung lässt im Überblick die präzise Sprachnuancierung des Dramas erkennen.

A 18: Sprache und Kommunikation

Die Funktion dieser Sprechweise stellt Paul Berger ins Zentrum seiner Interpretation (**A 18, M 1**). Er hebt den Unterschied in der Sprechweise der „Ratten-“Figuren zum Sprachstil des klassischen Dramas hervor: gilt hier noch die Idee einer umfassenden Gemeinschaft wie der individuellen Freiheit, in der der Einzelne sich aufgehoben weiß, so geht der Naturalist von der Kommunikationsunfähigkeit seiner Gestalten aus. Sie sind kaum noch in der Lage, sich anderen mitzuteilen und gleiten so in eine Isolation, die sie nicht mehr durchbrechen können. Am Beispiel des Dialogs von Henriette John und Pauline Piperkarcka im ersten Akt belegt Berger seine Thesen, die sich auch in der Inszenierung von Hans Neuenfels (s. o.) wiederfinden lassen.
Die Schüler sollten zunächst die Auffassung Bergers erarbeiten und sie dann mit dem eigenen Textverständnis konfrontieren. Zu fragen wäre, ob für die Piperkarcka tatsächlich von einer „Monomanie ihres Denkens“ gesprochen werden kann – bei aller heillosen Verzweiflung und Rachsucht ist sie doch auch in der Lage, rational vorzugehen und sich gerade nicht von Frau John überrumpeln zu lassen. In ähnlicher Weise könnte die Behauptung, es gebe einen „Panzer, der den Menschen nach außen abschließt“ hinterfragt werden. Die These klingt zunächst einleuchtend, ob diese Gefühlsstarre aber tatsächlich die Beziehungen aller Figuren zueinander prägt, muss diskutiert werden.

A 19: Sprache im naturalistischen Drama

Ist die Sprachgestaltung so weit auf den Begriff gebracht und in ihrer Funktion analysiert worden, kann es in einem letzten Schritt darum gehen, die hier konkret an den „Ratten“ gewonnenen Ergebnisse auf die generellen Merkmale naturalistischer Sprachführung zurückzuführen. Günther Mahal hat in seiner Epochendarstellung des Naturalismus vor allem auf die Bedeutung der Begriffe Dialekt, Soziolekt und Psycholekt abgehoben, um die Sprache im naturalistischen Drama zu kennzeichnen (**A 19, M 1**). Diesen drei Kategorien müssten Merkmale, die der Text auch nennt, zugeordnet werden. Dadurch soll die Gegenposition zur Theatersprache der Vornaturalisten und damit auch zum Erwartungshorizont des Theaterpublikums geklärt werden. Als generelles Ziel nennt Mahal „die mimetische Reproduktion der Alltagssprache“. Vergleicht man schließlich die Sprachführung in den „Ratten“ mit dieser Prämisse, wird deutlich, dass Hauptmann sich auf der sprachlichen Ebene völlig mit den Absichten der Naturalisten deckt, während er mit dem Genre und der atmosphärischen Aufladung der Handlung, wie noch zu zeigen sein wird, von ihren Zielsetzungen abweicht.

Sequenz V: Ratten und Gespenster

A 20: Das Rattenmotiv

Heinrich Heines Parabelgedicht „Die Wanderratten“ aus dem Jahr 1869 (**A 20, M 1**) greift ein Thema auf, das sich in mehr als einem Punkt mit den Vorstellungen in Hauptmanns Drama deckt. Für Heine ist der Zug der Wanderratten das adäquate Sinnbild für den Siegeszug des Proletariats. In wenigen Zeilen umreißt Heine die charakteristischen Kennzeichen des Proletariats: es ist radikal, gottlos, polygam, materialistisch, besitzlos und revolutionär (V. 13–28). Das Bürgertum reagiert erschreckt und ohnmächtig: militärische Aktionen bleiben ebenso erfolglos wie religiöse, politische, philosophische Beschwichtigungsversuche (V. 35–48). Heines Resumée erscheint modern: die Basis der politischen Auseinandersetzungen ist für ihn die soziale Frage. Um mit Brecht zu sprechen: „erst kommt das Fressen, dann kommt die Moral“ (V. 49–56).
Heinrich Heine greift mit ironischer Distanz, aber spürbarer Sympathie Tendenzen auf, die noch vierzig Jahre später von Gerhart Hauptmann als Gefährdung der bürgerlichen Welt erkannt werden.

Der Vergleich von Gedicht und Theaterstück macht indes deutlich, dass im Drama ein wesentlich umfassenderer Zugriff möglich ist: Heine verweist vor allem auf den revolutionären Gestus des Proletariats und auf die Verunsicherung des Bürgertums, das um sein Kapital fürchtet und die Weltordnung gefährdet sieht. Bei Hauptmann findet sich eine größere atmosphärische Dichte und eine gesteigerte Bedeutsamkeit des Motivs: die gesamte bürgerliche Gesellschaft ist erschüttert und in ihren Fundamenten beschädigt; ihre Welt lässt sich nur noch mühsam zusammenhalten. Der Zusammenbruch droht aber nicht mehr nur von außen, durch das Proletariat, sondern zeichnet sich ebenso durch eine innere Legitimationskrise des Bürgertums selbst ab. Einer jugendlichen Intelligenz scheinen seine Werte fragwürdig, die vorgezeichnete bürgerliche Karriere verliert an Überzeugungskraft. Dass dieses Motiv auch heute nichts an Plausibilität verloren hat, dürfte auf der Hand liegen.

A 21: Ratten und Gespenster

Ist das Rattenmotiv so generell benannt, kann es für das Drama detailliert in seinen Bedeutungsnuancen analysiert werden. In neun Positionen erscheint es im Verlauf der „Ratten", wird verknüpft mit dem „Gespenster"-Symbol und erhält unterschiedliche Konnotationen.
Ausgangspunkt der Interpretation ist das Zitat Käfersteins (S. 51, Z.26–32: „Wenn bei meiner Mutter in Schneidemühl ...). Er sieht die Ratten als Gleichnis für das unerklärliche Verschwinden von Gegenständen: überall, wo Vernichtung und Zerstörung oder auch nur bloßer Schein – „Theatergarderobe" – sich ausbreiten, wird die Rattenplage deutlich.
Von dieser Position aus sollen die einzelnen Textpassagen im gemeinsamen Unterrichtsgespräch auf ihre Bedeutung untersucht werden. Die Ergebnisse werden entweder an der Tafel oder auf vorstrukturierter Folie festgehalten (**A 21, M 1**). Dabei lässt sich ein generelles Muster erkennen: „Ratten" stehen als Symbol für den unterirdischen Zerstörungsprozess. Das „Rattenhaus" bietet zunehmend ein Bild des Chaos, in dem die Unterschicht zu asozialen Lebensverhältnissen verurteilt ist, damit sich selbst und andere zugrunde richtet.
Die Rattenplage greift auch auf die bürgerliche Sphäre über, die nicht mehr immun gegen diese Tendenzen ist. Ursachen für die Ansteckung werden, der jeweiligen Perspektive und Ideologie entsprechend, in ganz unterschiedlichen Ideologien und Verhaltensweisen gesucht: für Hassenreuter öffnet der sozialethische Reformgeist Spittas der sozialistischen „Krankheit" Tür und Tor, für den intellektuellen Jugendlichen ist die bürgerliche Scheinmoral selbst Grundlage für die Zerstörung der traditionellen bürgerlichen Werte. Beides, das kritische Beleuchten gesellschaftlicher Defizite wie ihr frageloses Hinnehmen führen offensichtlich zum selben Ergebnis: die Fundamente gesellschaftlicher Ordnung werden brüchig. Natursymbolik und Gesellschaftsproblematik werden so im Stück eng geführt.
Verbindet man die Handlungsorte des Dramas mit dem Titelmotiv, eröffnet sich eine weitere Deutungsebene: die Aufteilung in den Dachboden als Ort der schmutzigen, düsteren Welt, in der Verbrechen vorbereitet werden, ein Kind auf die Welt kommt, die Liebe zwischen Hassenreuter und Alice Rütterbusch vollzogen wird und die saubere Kleinbürgerwohnung im zweiten Stock erinnert an Denkmodelle der Psychoanalyse. Allerdings wird Freuds Modell von Über-Ich, Ich und Es dabei auf den Kopf gestellt: die Unterwelt des „Es" findet sich auf dem Dachboden wieder, die Normen des „Über-Ich" bestimmen das Leben im zweiten Stock. Ratten als Verkörperung der Triebkräfte haben ihre Heimat zunächst auf dem Dachboden, bevor sie überall im Haus zutage treten und das gesamte Gebäude aus dem Gleichgewicht bringen (vgl. dazu: Peter Sprengel: Gerhart Hauptmann. Epoche – Werk – Wirkung, München 1984, S. 144f.).
Die Verkehrung der Analogie zwischen den Handlungsorten Hauptmanns und der Freud'schen Konzeption der Psychoanalyse macht deutlich, wie sehr dieses Drama sich einer eindeutigen Interpretation verweigert: Verwirrungen, Ironisierungen, Brechungen bestimmen vielmehr das Stilprinzip der „Ratten". So verwundert es auch nicht mehr, wenn Bruno, die idealtypische Verkörperung des „Ratten-"Motivs, im fünften Akt mit einem Tiersymbol identifiziert wird, das in der Natur als Feind der Ratten auftritt. Wenn er seine Schwester aufsucht, heißt es, er trete „katzenartig leise" (S. 90, Z. 15) auf und gehe „katzenartig, wie er gekommen" (S. 95, Z. 10) ab.

A 22: Die Ratten – ein ambivalentes Symbol

Die verwirrende Bedeutungsvielfalt des Ratten-Motivs greift auch der Text von Paul Berger (**A 22, M 1**) auf. Der drohende Zusammenbruch bürgerlicher wie kleinbürgerlicher Illusionen findet in den symbolischen Elementen ein gemeinsames Bild. Diskutieren ließe sich seine Deutung allerdings an mehreren Punkten. So spricht er von einer unterschiedlichen Interpretation der Ratten-Metapher für John und Hassenreuter. Man könnte jedoch vermuten, dass beide Personen ihre Zukunftschancen in gleicher Weise bedroht sehen, auch wenn der gesellschaftliche Aufstieg von unterschiedlichem Niveau ausgehen soll. Ebenso lässt sich die Erich Spitta zugeschriebene Sicht der Ratten als „in der Erde ruhende[r] neue[r] Saat" am Dramentext wohl nur schwer belegen. Hier wird in die Figur eine Idee hineingelegt, die wohl eher in der Denkweise der nachfolgenden Generation der Expressionisten zu finden wäre. Lediglich andeutend verweist Berger auf die psychologische Deutung des Titelmotivs.

Sequenz VI: Spiel im Spiel

A 23: Spitta und Hassenreuter – zwei gegensätzliche Kunstauffassungen

Die beiden Kontrahenten führen im III. Akt eine poetologische Grundsatzdiskussion, die vom Handlungsfortgang völlig abgelöst ist und mit dem tragischen Geschehen um Frau John nichts zu tun hat. Sind diese Passagen als eigenständiger Block erkannt, stellt sich umso mehr die Frage nach ihrer Bedeutung innerhalb des Dramas: wie kommt Hauptmann zu diesem eigenwilligen Einschub? Welche Verbindungen gibt es zwischen Theoriedisput und Haupthandlung? Welche Themen und Inhalte werden in diesem Streit verhandelt?
Als Ausgangspunkt für diese Auseinandersetzung soll ein kurzer Dialog am Ende des ersten Aktes (S. 24, Z. 3 – 13) dienen. Hier werden die wesentlichen Stichworte der Kontroverse angesprochen und Klassiker aus der Theatergeschichte als Zeugen der eigenen Position benannt: Für Spitta gelten unbestreitbar die Prinzipien naturalistischer Dramaturgie; er stellt Lebenswahrheit in den Mittelpunkt seiner Kunstvorstellung. Mit Verachtung straft er dagegen die „Schule der Unnatur", die er durch den Anspruch auf Schönheit in der Literatur der Klassik verkörpert sieht. Gerade in dieser Traditionspflege sieht aber Hassenreuter den Sinn seiner Schauspielschule.
Diese Prinzipien sollten herausgearbeitet werden, bevor im Detail die Fortführung dieses Streits im III. Akt (S. 53, Z. 9 – S. 55, Z. 35) analysiert werden kann. Zunächst soll die Kontroverse zwischen Schüler und Lehrer mit verteilten Rollen vorgelesen werden – durchaus im Stil dieser „Unterrichtsstunde", in der durch den Tonfall der beiden Sprecher bereits die widersprüchlichen Ideale erkennbar werden sollten.
Einige Begriffe, v.a. die zahlreichen Fremdworte in Hassenreuters Tiraden müssten geklärt sein. Erst danach können die gegensätzlichen Positionen untersucht werden: im Hinblick auf die Arbeit der Schauspieler, die Grundpositionen der Dramaturgie und die literarischen Traditionen, die explizit angesprochen werden. Die Ergebnisse der Textarbeit werden in einem Tafelanschrieb oder auf einer vorstrukturierten Folie festgehalten.
Beide Positionen werden, das ist unschwer zu erkennen, nicht wertfrei miteinander konfrontiert. Hassenreuters Haltung entlarvt sich schon durch den überheblichen Gestus, den Wortschwall und den sarkastischen Tonfall. Der Theaterdirektor tritt seinem Schüler mit der ganzen Wucht seiner Erfahrung gegenüber, um ihn einzuschüchtern und auszukontern. Spitta bleibt jedoch „unbeirrt" (S. 55, Z. 6); er lässt sich auch durch die Gestik seiner Schauspielkollegen nicht irritieren. Letztlich behält er recht. Die Kontroverse wird durch den Handlungsverlauf der „Ratten" selbst entschieden, als Hassenreuter wendig genug ist, die Position zu wechseln und Spittas Ansicht als die eigene zu präsentieren („Die Tragik ist nicht an Stände gebunden. Ich habe Ihnen das stets gesagt.", S. 113, Z. 30f.). Der Schauspieler ist damit unschwer als Sprachrohr des naturalistischen Autors erkennbar. Bei aller Ironisierung der weltfremd agierenden und mit idealistischem Pathos aufgeladenen Figur hat Spitta doch in der Diskussion theatertheoretischer Prinzipien die Sympathie Hauptmanns und das Recht der Naturalisten auf seiner Seite.

A 24: Die theoretischen Wurzeln beider Kunstauffassungen

In der folgenden Stunde sollen die Traditionslinien, auf die Spitta und Hassenreuter sich im III. Akt berufen, wenigstens in Auszügen vorgestellt werden. Für die – 1911 bereits leicht angestaubte – literarische Auseinandersetzung über das Erbe klassischer Dramatik sprechen die Kontrahenten eine ganze Reihe von Texten explizit an oder verweisen auf ihre Urheber: die Schauspieler rezitieren Chorlieder aus Schillers „Braut von Messina"; Hassenreuter unterrichtet sie nach Goethes „Regeln für Schauspieler". Spitta setzt auf die „Hamburgische Dramaturgie" Lessings und auf den jungen Goethe in seiner Sturm-und Drang-Phase; entschieden widersetzt er sich den Normen des Regelbuchs „Die Technik des Dramas", das Gustav Freytag 1871 mit großer Breitenwirkung publiziert hat.
Auszüge aus diesen Texten werden in den Arbeitsblättern dokumentiert: Goethes jugendliche Programmatik in Passagen aus der „Rede zum Shakespeare-Tag" von 1771 (**A 24, M 1**), die präzisen, in Gesetzesparagraphen gegossenen „Schauspielregeln" seines Theaterkatechismus' aus dem Jahr 1803, der so konträr zu seiner frühen Idealisierung von Natur und Genie steht (**A 24, M 2**), Lessings Ablehnung der Ständeklausel wie der französischen Theaterkonzeption in der „Hamburgischen Dramaturgie" (**A 24, M 3**) und Gustav Freytags Poetik, die überkommene Vorschriften für die Dramatik seiner Gegenwart zu kodifizieren sucht (**A 24, M 4**).
Es ist kein Zufall, wenn Hauptmann den Theaterunterricht Hassenreuters gerade am Beispiel von Friedrich Schillers streng idealistisch stilisiertem Drama „Die Braut von Messina" vorstellt. Die Chor-

lieder, die von Käferstein und Kegel auf dem Dachboden der Berliner Kaserne zitiert werden, funktionieren auf unterschiedlichen Ebenen: durch die Konfrontation der strengen Diktion Schillers mit der kümmerlichen Umgebung parodieren sie das klassische Pathos. Ihr Inhalt kommentiert zugleich das Geschehen auf der Bühne – etwa wenn die beiden Schauspielschüler in dem Augenblick, in dem Walburga ihre Kenntnis über das Verhältnis des Vaters mit Alice Rütterbusch andeutet, deklamieren: „Weisere Fassung ziemet dem Alter…" (S. 64, Z. 32f.) Hauptmanns Theaterverständnis steht darüber hinaus insgesamt im Gegensatz zur antinaturalistischen Bedeutung, die der Chor nach Schillers Konzeption in seinem Stück erhält. Dies soll durch Auszüge aus dem Vorwort zur „Braut von Messina" verdeutlicht werden (A 24, M 5).

A 25: Kunstauffassungen im Überblick

Die Texte **A 24, M 1–4** sollen von den Schülern in arbeitsteiliger Gruppenarbeit auf die zentralen Positionen hin untersucht werden. Damit wird verständlich, welche inhaltlichen Positionen gemeint sind, die sich die beiden Kontrahenten schlagwortartig um die Ohren schlagen. Die Schüler erhalten gleichzeitig den Arbeitsauftrag, die Aussagen ihres Textes auf einige wenige aussagekräftige Stichworte zu bringen. (A 25, M 1)
Der Schillertext (**A 24, M 5**) wird dagegen gemeinsam mit allen Schülern gelesen und ausgewertet. Schillers Kriegserklärung an den „Naturalismus in der Kunst" wird von Hauptmann angenommen und durch die Ästhetik des naturalistischen Dramas parodierend beantwortet. Mit der ironischen Distanz zur Bühnentradition des Klassikers begnügt sich der Autor jedoch nicht. Er nutzt Schillers „Braut von Messina" ebenso als kontrapunktisches Deutungsmuster für die Tragödie der Putzfrau Henriette John. Stehen für Schiller ideelle Werte im Vordergrund, denen das Leben seiner Protagonisten untergeordnet ist, so gibt es in Hauptmanns Drama nichts mehr, was als Utopie einer besseren Gesellschaft, einer übergeordneten, sinngebenden Instanz übrig bleibt. Wird auf Ideale der bürgerlichen Gesellschaft Bezug genommen, erweisen sie sich durchweg als verlogene Scheinheiligkeit, als Lebenslügen, mit denen die Figuren ihr Konzept von Anpassung, Jämmerlichkeit und Eigensinn zu kaschieren suchen. Wenn das Schicksal von Frau John unausweichlich in den Untergang läuft, so geschieht das in einem besinnungslosen Kampf, der keinerlei Sühne bedeutet und auch keine Reflektion bei den anderen Figuren hervorruft, die über eine ästhetische Betrachtung des Geschehens hinausginge. Das Modell der klassischen Tragödie ist so als Gegenfolie der „Berliner Tragikomödie" unterlegt.

Sequenz VII: Berliner Tragikomödie

A 26: Berliner Tragikomödie

Zwei Handlungsstränge verbinden sich in der „Ratten"–Intrige zu einem Komplex: das Geschehen um Henriette John und das um Harro Hassenreuter. Beide Stränge sind ineinander verhakt, sie kommentieren sich gegenseitig, weisen konträre Entwicklungen auf. Um die Diskrepanz der beiden Handlungsstränge zu veranschaulichen, soll zunächst die unterschiedliche Zeichnung ihrer Protagonisten vor Augen geführt werden. Dafür bietet sich eine besondere Form des Darstellenden Spiels, die Simultanszene, an.
Auf dem Dachboden, einem Ort, an dem sich beide Stränge mehrfach treffen, werden die Figuren miteinander konfrontiert, ohne dass sie aufeinander treffen. Mehrere Schüler schlüpfen dabei in die Rolle Hassenreuters bzw. der John. So erscheinen von links die Hassenreuter-Figuren: als Schauspiellehrer, der Goethes „Schauspielerregeln" deklamiert (**A 24, M 2**), als Rezitator, der Verse aus der „Braut von Messina" mit vollendetem Pathos vorträgt, als Erzieher seiner Tochter Walburga (S. 64, Z. 7–11, 15–19), als Liebhaber, der Alice Rütterbusch trifft (S. 20, Z. 39 – S. 21, 11).
Auf der rechten Seite treten mehrere Schüler in der Rolle Frau Johns auf, die sich an die Anfänge ihrer Ehe erinnert (S. 88, Z. 24–26, Z. 31–35, Z. 37–39, S. 89, Z. 2–5, Z. 8–11), ihren Mann anklagt (S. 90, Z. 5–14), die Piperkarcka in die Enge treibt (S. 44, Z. 26 – S. 45, Z. 10), über ihr verlorenes Kind monologisiert (S. 106, Z. 18–24, S. 111, Z. 13–19). Beide Figuren sollen die Schüler so anlegen, dass ihre Charakteristika deutlich zum Ausdruck kommen.
Ein anschließendes Gespräch über diese Szene dürfte als wesentliche Stichworte die scheinheilige, verlogene Haltung des Theaterlehrers enthalten, dem Werte wie Familie, Liebe, klassische Theaterpflege nur Vorwand sind, um Karriere zu machen bzw. außereheliche Abenteuer zu kaschieren. Aus den Worten Frau Johns spricht dagegen das Elend einer Frau, die sich ihre Ansprüche mit allen Mitteln erkämpfen will, sich für ihr Kind wie ihre Ehe eingesetzt hat und damit gescheitert ist.
Die komplementäre Anlage der beiden Handlungsstränge kann nun auch analytisch erarbeitet und in

einem Tafelbild (**A 26, M 1**) festgehalten werden. Es geht darum, Ansprüche und Werte, die eingesetzten Mittel und ihre Resultate in den Figuren zu konfrontieren, daraus die Haltung des Autors zu ermitteln und die Gattungsbereiche des Dramas zu benennen. Die Gegenüberstellung zeigt, dass Hassenreuter seine Karriereansprüche mit adäquaten Mitteln verfolgt und damit letztlich auch Erfolg hat, während Frau John ihr Lebensziel mit den widersprüchlichen Mitteln, die sie einsetzt – sie resultieren aus den Zwängen der jeweiligen Situation, dem Versuch, sich „schlau" zu verhalten, aber auch den Grenzen ihrer gesellschaftlichen Lage – gerade verfehlt.

Können die beiden Schauspieler ihr Scheitern lediglich kommentieren, spricht daraus auch die wertende Haltung des Autors, der Mitleid mit dieser Putzfrau zeigt, indem er das hohle Pathos des Karrieristen entlarvt. Das bequeme Arrangement von Kunst und Macht bereitet auf das Happy-End der Hassenreuter-Komödie vor, als die John in den Tod geht; Tragödie und Komödie verbinden sich in dieser „Berliner Tragikomödie".

Wenn Hassenreuter und Spitta das Leiden von Frau John nur als Gegenstand ästhetischer Reflexion erfahren, der theoretische Diskurs um die tragische Fallhöhe als hohles Pathos kenntlich wird, zeigt sich, dass die ironische Distanz ein Stilprinzip in Hauptmanns Drama ist. Sie ist Mittel der Komödienhandlung, charakterisiert die Personen der Hassenreuterwelt und lässt ihre Blindheit gegenüber den sozialen Problemen der John erkennen.

Erarbeitet werden kann die Ironisierung zunächst gemeinsam am Theaterleiter selbst: der Diskrepanz von Aussagen Hassenreuters zu verschiedenen Zeiten (S. 54, Z. 4–6 / S. 113, Z. 30f.), von Redeweise und -inhalt (S. 34, Z. 15–31), von tragischem Schicksal und kommentierendem Zitat (S. 74, Z. 20–25). Sie lässt sich dann von den Schülern auf andere Figuren übertragen: etwa auf Frau Hassenreuters soziales Selbstmitleid und ihr Missverständnis der wahren Mutterschaft (S. 31, Z. 37 – S. 32, Z. 9), auf Erich Spittas Diskrepanz von intendierter und realer Haltung (S. 53, Z. 9–11 / S. 83, Z. 23 – S.84, Z. 17), das Missverhältnis von Anspruch und Wirklichkeit in der Rede seines Vaters (S. 60, Z. 32 – S. 61, Z. 19).

In Varianten wird die ironische Distanz aber auch bei Figuren der tragischen Sphäre deutlich: wenn in der Rede Sidonie Knobbes Stilhöhe und Inhalt auseinanderbrechen (S. 71, Z. 36 – S. 72, Z. 8), Herr John unbewusst die wahren Verhältnisse beschreibt (S. 28, Z. 9–15), die Piperkarcka mit dem falschen Gebrauch des Fremdworts auch die Realität verkennt (S. 67, Z. 38 S. 68, Z. 2). Blindheit gegenüber den wahren Verhältnissen ist ein Stilprinzip, das beide Handlungen, die Hassenreuter-Komödie wie die John-Tragödie, miteinander verbindet. Darauf weist auch Gerhart Hauptmann in seinen Überlegungen zu den „Ratten" hin, wenn er über den Konnex der gegensätzlichen Welten sagt: „Allerhand Verflechtungen indessen, mechanisch und ideell, bringt ihnen unbewusst das Schicksal in ihre Beziehungen, und diese Verflechtungen stellen gleichnisweise etwas von dem tragikomischen Gehalt des blinden, menschlichen Daseins dar." (Gerhart Hauptmann, Die Kunst des Dramas, Berlin-Frankfurt/M-Wien 1963, S. 116.)

A 27: Die Funktion der Tragikomödie – Ausdruck der Zeit

Die komplementäre Verzahnung der beiden Handlungsstränge, von der Hauptmann spricht, fasst Karl Guthke in seinem Text (**A 27, M 1**) als die „tragikomische Stimmungswelt" der „Ratten" zusammen. Er hebt dabei auf die Übereinstimmung von Raumgestaltung und Personal des Dramas ab. Überzeugend stellt er Hassenreuter als Poseur ohne innere Substanz vor; zu diskutieren wären allerdings seine Aussagen über das „Mutterverlangen" Frau Johns, das nuancenreicher zu begründen wäre (**A 8, M 2**).

Gérard Schneilin (**A 27, M 2**) streicht die Ansätze dieser neuen Mischform heraus. So erscheint Hauptmanns Tragikomödie als Vorläufer moderner Spielformen auf der Bühne: des Volkstheaters, des absurden Dramas oder der Groteske in der ästhetischen Theorie und Praxis bei Horváth, Ionesco und Friedrich Dürrenmatt.

Sequenz VIII: Ratten-Zeiten

Informationen über gesellschaftliche und politische Verhältnisse von Arbeitern in der zweiten Hälfte des 19. Jahrhunderts, soweit sie für die „Ratten" von Belang sind, sind in dieser Sequenz zusammengestellt. In arbeitsteiliger Gruppenarbeit sollen die Schüler die einzelnen Bereiche untersuchen, so dass in der Zusammenschau der Einzelergebnisse eine Sozial- und Politikreportage über die Zustände in Arbeitervierteln Berlins um das Jahr 1885 entsteht.

A 28: Berliner Mietskasernen am Ende des 19. Jahrhunderts

Nach 1871 nahm mit dem Kapitalzustrom der französischen Reparationsmilliarden die Bodenspekulation in Berlin krasse Ausmaße an. Festgelegte Straßenbreiten (30 Meter für Hauptstraßen, 26 Meter für Nebenstraßen) und einheitliche Grundstücksgrößen (20 Meter Breite und 56 Meter Tiefe) ließen gleichartige Objekte ohne Planungsaufwand, aber mit hohen Renditen entstehen. Quer- und Seitenflügel wurden hinzugefügt, so dass in der Regel zwei bis sechs Innenhöfe entstanden.
Die Folgen dieser einseitig an den Kapitalinteressen orientierten Wohnbaupolitik zeigte sich umgehend (**A 28, M 1**): die Wohnungen waren klein und absolut überbelegt. Um 1900 waren in Berlin 43% aller Haushaltungen in einräumigen, 28% in zweiräumigen Wohnungen untergebracht. Es gab Haushalte, die in einem einzigen Raum zehn Menschen, Eltern, Kinder und Schlafleute, beherbergten. Um die hohen und ständig steigenden Mieten bezahlen zu können, musste häufig an „Schlafburschen" und „Schlafmädchen" vermietet werden, deren Betten auch umschichtig benutzt wurden.
Die hygienischen Verhältnisse waren marode; gesunde Kinder konnten in diesen sonnenlosen Kammern voll Ungeziefer und Krankheitskeimen kaum aufwachsen. Epidemien (Diphterie, Cholera) waren die zwangsläufige Folge. Unbekannte Begriffe blieben für viele Jahre staatliche Wohnungsinspektionen, Mieterschutz oder die Eindämmung der Bodenspekulation. Daher waren auch Menschen aus bürgerlichen Verhältnissen häufig zu den Kündigungsterminen am 1. April oder 1. Oktober von Räumung bedroht, was ihre Verzweiflung und Wut auslöste.

A 29: Die soziale Lage der Arbeiterschaft

Was bislang in den Angaben zu den Wohnverhältnissen nur angedeutet wurde, soll mit den folgenden Materialien differenzierter ausgeführt werden. Die Lebensbedingungen in den Mietskasernen waren elend; Heinrich Zilles Karikatur (**A 29, M 1**) lässt das implizit erkennen: die zum Kinderspielzeug umfunktionierte tote Ratte ist eingegangen, weil sie die nasse Wohnung nicht überlebt hat – wie sollen unter solchen Umständen Kinder gesund aufwachsen können?
Mit konkreten Erfahrungen untermauert ein Berliner Armenarzt, was Zille andeutet (**A 29, M 2**): er spricht von Prostitution, Verbrechen, Selbstmord, Kinderseuchen – Tendenzen, die ausschließlich auf die miserablen Wohnverhältnisse zurückzuführen sind. Zilles bekannter Satz, man könne einen Menschen ebenso gut mit einer Wohnung wie mit einer Axt töten, findet in diesen Ausführungen seine Bestätigung.
Kein Wunder, dass diese verzweifelte Lage zu Unruhen führte. Die Wohnungsnot in Berlin stieg 1872 so stark an, dass zahlreiche Familien unter freiem Himmel, in Erdhöhlen oder Bretterbuden, campieren mussten, dass abbruchreifer Wohnraum oder Rohbauten besetzt wurden. Die Räumung dieser illegalen Behausungen führte zu Gewaltausbrüchen, die das vorliegende Material anschaulich schildert (**A 29, M 3**). Es kam zu einem regelrechten Guerillakrieg, der mit zahlreichen Festnahmen endete. Insgesamt gab es 47 Jahre Zuchthaus für 35 der Angeklagten.

A 30: Bismarck und die Arbeiterschaft

Ging es zunächst um eine Bestandsaufnahme der sozialen Lage, soll mit den folgenden Materialien auf die politischen Verhältnisse der Arbeiter in Deutschland eingegangen werden. Die Karikatur (**A 30, M 1**) zeigt das Feindbild der organisierten Arbeiterschaft: aufs Korm genommen wird die Politik Otto von Bismarcks. Es sind im wesentlichen innenpolitische Aspekte, auf die hier angespielt wird: Polizeistaatsmethoden in der Folge des Sozialistengesetzes („Kleiner Belagerungszustand", „Spitzel", „Ausweisung", das zensierte „Freie Wort"), Auseinandersetzungen zwischen Staat und katholischer Kirche („Kulturkampf"); daneben geht es auch um ideologische Vorbehalte („Militarismus", „Chauvinismus") und die Beziehung zu anderen Staaten („Emser Depesche", „Schutz-Zölle", „Lebensmittel-Zölle").
Der folgende Text (**A 30, M 2**) stellt die Beziehung zwischen Außen- Wirtschafts- und Innenpolitik Bismarcks dar: das „Sozialistengesetz", das nach zwei Attentaten auf den Kaiser unter massivem Druck auf den Reichstag durchgedrückt wurde, sollte dazu dienen, die Sozialdemokratische Partei „zum Schweigen zu bringen", um ökonomische Zielsetzungen ungestört durchführen zu können.

A 31: Bismarcks Sozialistengesetze

Bismarcks Sozialistengesetz ging explizit davon aus, die Sozialdemokratische Partei und die Kommunisten beabsichtigten, „auf den Umsturz der bestehenden Staats- oder Gesellschaftsordnung" hinzuarbeiten (**A 31, M 1**). Es wurden daher alle Organisationen verboten (§ 1), die freie Meinungsäußerung unterdrückt (§ 11), Parteimitglieder ausgewiesen

und verfolgt (§ 22), Versammlungen gewaltsam durch die Polizei aufgelöst (§ 9), die gesamte Presse- und Öffentlichkeitsarbeit verboten. Es ging jedoch nicht darum, eine drohende revolutionäre Gefahr zu beseitigen, sondern mit polizeistaatlichen Methoden die SPD als das politische Instrument einer organisierten Arbeiterschaft aus dem Weg zu räumen. Tatsächlich wurde das Ziel, die Arbeiterbewegung von den anderen gesellschaftlichen Kräften im Kaiserreich völlig zu isolieren, nicht erreicht. August Bebel weist in seiner Autobiographie (**A 31, M 2**) zwar detailliert auf Repressionsmaßnahmen hin, unter denen die Arbeiter zu leiden hatten. Deutlich wird im letzten Abschnitt seines Berichts aber auch, dass die Arbeiterbewegung insgesamt durch den Druck eher gestärkt wurde. Die Zahl der Wählerstimmen steigerte sich von 124.000 bei den Reichstagswahlen 1871 bis zum Ende des Sozialistengesetzes 1890 auf 1.427.000 nach einem kurzfristigen Rückgang bei den auf die Kaiserattentate folgenden Wahlen von 1878. Seit 1890 erhielt die SPD bei allen Reichstagswahlen die meisten Stimmen aller Parteien.
Die letzten Jahre Bismarcks und die Blütezeit Kaiser Wilhelms stehen unter dem Zeichen einer Verschärfung der sozialen Konflikte in der Hochzeit des Kapitalismus. Nachdem mit Hilfe von **A 28 – A 31** die gesellschaftliche Situation der Kaiserzeit ansatzweise erarbeitet wurde, werden in einem nächsten Schritt die Schüler beauftragt, Parallelen zur realgeschichtlichen Situation im Drama zu ermitteln.
Sie lassen sich v.a. in Hinweisen auf die Wohnverhältnisse und ihre Folgen finden: den Seuchentod Alberts (S. 6, Z. 28), Pauline Piperkarckas Wohnverhältnisse (S. 9, Z. 10f.), den generellen Hinweis auf die „entsetzliche Mietskaserne" (S. 16, Z. 7), die Lebensverhältnisse der Knobbe-Kinder (S. 29, Z. 17–27), Prostitution (S. 38, Z. 21–28), die Verbrecherclique im Flügel B (S. 57, Z. 27–35) bzw. den Hehler im Keller (S. 93, Z. 14–16), Drogenabhängigkeit und Prostitution im Leben von Sidonie Knobbe (S. 70–73), den Tod ihres Kindes durch Verhungern (S. 74, Z. 21–25), die „Engelmacherin" (S. 104, Z. 32).
Politische Anspielungen fallen dagegen weniger ins Gewicht. Sie werden en passant geäußert, etwa wenn Hassenreuter den Gewerkschaftler John nach seiner Bismarck-Verehrung fragt (S. 34, Z. 10–14), er seine Begeisterung über die Einigung Deutschlands ins Gespräch bringt (S. 55, Z. 27–35) oder Erich Spitta John auf „Ihre Herrn Bebel und Liebknecht" verweist (S. 81, Z. 1) – ohne auf sonderliche Resonanz bei ihm zu stoßen. Die politische Argumentation verfängt bei diesem Maurerpolier offensichtlich nicht, der sich zwar verbal noch zur Arbeiterbewegung rechnet, realiter aber weit von ihren Ideen entfernt ist.

Sequenz IX: Der literarische Naturalismus

A 32: Naturalistischer Aufbruch

1889 wurde von prominenten Berliner Kritikern eine „Freie Bühne" gegründet. Sie erhielt die Form eines geschlossenen „Literarischen Vereins", um sich nicht der preussischen Polizeizensur unterstellen zu müssen. Sonntagvormittags-Vorstellungen wurden für die Mitglieder im Lessingtheater Berlin gespielt. Das Programm war Inszenierungen von Autoren vorbehalten, die keinerlei Aussicht hatten, mit ihren Stücken für ein allgemeines Publikum zugelassen zu werden. Theaterskandale waren vorprogrammiert – das galt für die Aufführung, mit der die „Freie Bühne" am 29. September 1889 eröffnete, Henrik Ibsens „Gespenster", weit mehr noch für Gerhart Hauptmanns einen Monat später aufgeführtes „Soziales Drama" „Vor Sonnenaufgang". Öffentliches Ärgernis zu erregen war ein Markenzeichen des Theaters, das sich auch in den folgenden Aufführungen mit Werken von Tolstoi, Zola, Strindberg international profilierte.
Die Karikatur (**A 32, M 1**) nimmt Bezug auf diesen schlechten Ruf der Bühne in der „Besseren Gesellschaft", deren Vertreter naserümpfend am Theater vorbeieilt. Einige thematische Aspekte werden angedeutet: die Emanzipation der Frau (etwa in Ibsens „Nora oder ein Puppenheim"), Vererbung (in Ibsens „Gespenster"), Alkoholismus (in Hauptmanns „Vor Sonnenaufgang") – kurz: Themen aus den unteren gesellschaftlichen Bereichen. Als gemeinsame Stilrichtung gilt der „Naturalismus" als Kunst des Naiven, zugleich als Sarg der etablierten Theaterkunst. So weit das (schlechte) Bild des Naturalismus in der Öffentlichkeit – was aber wollen die Naturalisten selbst? Eine Positionsbestimmung lieferte im August 1888 August Strindberg in seinem Vorwort zu dem „Naturalistischen Trauerspiel" „Fräulein Julie". Auszüge aus dieser programmatischen Schrift (**A 32, M 2**) sollen von den Schülern in Partner- oder Stillarbeit erfasst und auf den Punkt gebracht werden. Strindberg wendet sich in dieser Schrift als kühler Verstandesmensch und vorurteilsloser Experimentator an sein Publikum, dem wissenschaftlich-positivistischen Geist der Zeit folgend. Dass er mit diesem Naturforscherblick die eigene Verletzbarkeit und Spannungen in seinem Drama verdrängt, sei nur am Rande bemerkt.

A 33: August Strindberg und Gerhart Hauptmann im Vergleich

Die zehn Abschnitte aus Strindbergs Vorwort werden stichwortartig auf Folie festgehalten (A 33, M 1). In einem zweiten Schritt geht es darum, dieses ästhetische Programm des schwedischen Autors mit Gerhart Hauptmanns Gestaltung der „Ratten" zu vergleichen und auf Entsprechungen zu untersuchen. Es lässt sich leicht nachweisen, dass abgesehen von inhaltlichen Besonderheiten in der Motivierung der Personen weitgehende Übereinstimmungen festgestellt werden können (A 33, M 1).

A 34: Naturalistische Dramen als Gesellschaftskritik

Die knappe theoretische Reflexion des naturalistischen Autors soll durch eine umfassende literaturwissenschaftlichen Darstellung ergänzt werden (A 34, M 1). Sie nennt als wesentliche thematische und ästhetische Aspekte naturalistischer Dramatik die Abkehr von der geschlossenen Dramenform, den Vorrang der Charaktere vor der Handlung, die Intensität der Milieueinflüsse, die Bedeutung der Sprachgestaltung, die Widerspiegelung gesellschaftlicher Konflikte, den Rückgriff auf das Familiendrama und die Thematisierung bürgerlicher „Lebenslügen", die Präzision des Interieurs. Die Karikatur (A 34, M 2) verweist noch einmal auf die unterschiedlichen Reaktionen – Entsetzen, intellektuelle Gefasstheit und Desinteresse –, die der Naturalismus auf der Bühne hervorruft.

Die bisherige Unterrichtsarbeit hat bereits ergeben, dass eine eindeutige Zuordnung von Hauptmanns „Ratten" zur naturalistischen Programmatik nur schwer möglich ist. In einer Pro-/Contra-Diskussion soll daher abgewogen werden, zu welchen Teilen das Drama den Vorgaben folgt, in welchen es abweicht. Deutlich ist, dass Hauptmann in Thematik, Sprachführung, Milieugestaltung, Charakterführung, der Gesellschaftskritik und der Parteinahme für die sozial Schwachen mit den naturalistischen Konzepten übereinstimmt. Dagegen spricht die tragikomische Konzeption mit ihren episierenden und kommentierenden Elementen. Auch die Gestaltung der Großstadteinflüsse zeigt, dass Hauptmann mit den „Ratten" 1911 eine späte Variante des naturalistischen Schauspiels in der Mischform einer Tragikomödie vorlegt.

Nachdem sich die Schüler bislang analytisch mit Hauptmanns „Ratten" im Rahmen der Naturalismus-Konzeption auseinandergesetzt haben, sollen sie nun seine Wesensmerkmale in eigenen Produktionen gestalten. Zwei kreative Aufgabenstellungen – sie gehen zurück auf Ideen des Rottenburger Theaterlehrers Klaus Wegele – bieten dazu die Vorlage:

1. Schreiben Sie den Anfang einer „novellistischen Studie" im Stil des Naturalismus über Pauline Piperkarcka. Beginnen Sie mit dem Zeitpunkt, an dem sie realisiert, dass sie schwanger ist und erzählen Sie bis zum ersten Treffen mit Frau John. Verwenden Sie dazu alle Informationen, die Hauptmanns Drama bietet und ergänzen Sie, wenn das notwendig erscheint.

Diese Aufgabenstellung geht auf den Untertitel von Gerhart Hauptmanns „Bahnwärter Thiel" zurück. Es wird damit keine vollständige Geschichte verlangt, die Handlung konzentriert sich vielmehr auf die Hauptperson und sollte nicht durch Nebenhandlungen erweitert werden. Im Text der Schüler ist der Handlungsort von Bedeutung, der bereits zu Beginn das Milieu festlegt, ebenso das Äußere dieses Dienstmädchens. Bei der Sprache müsste in direkter Rede auf Dialekt- und Soziolektanklänge geachtet werden, um zu verdeutlichen, in welchen Denk- und Sprachkategorien sich Pauline bewegt. Wörtliche Äußerungen aus dem Drama können übernommen werden. Beim Erzählertext sollte der distanzierte, analytische Beobachter zu finden sein, der eine experimentelle Laborsituation entwirft: Was passiert in dieser Gesellschaft, wenn ein junges Mädchen unter die Räder kommt?

2. Spitta: „Es ist nicht zu ändern, Herr Direktor: unsre Begriffe von dramatischer Kunst divergieren in mancher Beziehung total." (S. 53, Z. 20–22)

Erfinden Sie, ausgehend vom Streitgespräch zwischen Spitta und Hassenreuter, im Kontext dieses Zitats eine Auseinandersetzung über Hauptmanns „Ratten". Wählen Sie als Form der Darstellung eine der beiden folgenden Möglichkeiten:

a) eine Szene, die damit beginnt, dass Spitta Hassenreuter den Text „Die Ratten" als neues Drama vorlegt und nach seiner Meinung fragt.

b) Spitta wie Hassenreuter legen jeweils in einem Gutachten dar, aus welchen Gründen sie das Drama „Die Ratten" von Gerhart Hauptmann wie beurteilen.

In beiden Varianten wird von den Schülern verlangt, dass sie die Grundpositionen der beiden Kontrahenten kennen und deren Kriterien als Beurteilungsmaßstab in den eigenen Text einarbeiten können. Sie müssen dafür auf ihre Kenntnisse aus der Literaturgeschichte zurückgreifen. Kreatives Schreiben wird v.a. bei der ersten der beiden Arbeitsanweisungen verlangt, die ja dialogisches Schreiben voraussetzt.

Sequenz X: Leben und Werk Gerhart Hauptmanns

A 35: Zur Entstehungsgeschichte der „Ratten"

Die erste Notiz Gerhart Hauptmanns zu den „Ratten" (A 35, M 2) enthält bereits den Kern der Konflikte in der John-Piperkarcka-Handlung. Hauptmanns Quelle ist der Bericht über eine Gerichtsverhandlung im Berliner Lokalanzeiger vom 13. 2. 1907 (A 35, M 1), den Hauptmann fast wörtlich exzerpiert. Die Schüler sollten beide Texte miteinander vergleichen und dabei die Textstellen in der Quelle hervorheben, die der Autor übernommen hat. Der Vergleich lässt erkennen, wie eng Hauptmann sich an seine Vorlage gehalten hat. Deutlich sind aber auch die Änderungen in seiner Adaption. Sie beziehen sich v.a. auf das Gerichtsurteil. Kommt die Angeklagte hier mit der Minimalstrafe von einer Woche Gefängnis für den Kindestausch davon, verurteilt Hauptmann seine Protagonistin zur Höchststrafe; er lässt sie durch Selbstmord enden. Offensichtlich beabsichtigt er damit, die historische Präzision mit poetischer Qualität zu unterlegen, einen Fall aus dem Alltagsleben mit der Tragik klassischen Musters zu verbinden.

A 36: Lebensabriss Gerhart Hauptmanns

Der Text (A 36, M 1) bietet einen Überblick über Lebensdaten, künstlerisches Werk und Rezeption des Autors. Die Schüler sollten diese Angaben auf Schlüsselerfahrungen Hauptmanns untersuchen, die sie in Verbindung mit den „Ratten" bringen können. Zu denken wäre hierbei an die materielle Not, die der Fünfzehnjährige mit dem Bankrott des Vaters erfuhr. Erst die Verlobung mit Marie Thienemann rettete ihn aus diesen prekären Verhältnissen. Mit ihrer Hilfe konnte er künftig unbekümmert studieren und experimentieren, große Reisen unternehmen – kurz: das Leben eines Künstlers als Privatier führen. Parallelen zu Erich Spittas Perspektiven bieten sich hier an. Offensichtlich ging es Hauptmann nicht in erster Linie darum, den jugendlichen Schauspieler als anpassungsfähigen Idealisten zu denunzieren, der es sich mit den Mitteln seines Schwiegervaters wohl gehen lässt. Man könnte mit gleichem Recht behaupten – und damit Hauptmanns Erfahrungen aufgreifen –, dass Spitta erst durch seine finanzielle Absicherung eine sichere Basis erhält, um seine Ideale weiterverfolgen und umsetzen zu können.

1884 nahm Hauptmann während seines Studiums in Berlin vorübergehend Schauspielunterricht bei Alexander Heßler, der seinen Theaterfundus in einer Mietskaserne der Alexanderstraße untergebracht hatte. 1887 schloss er sich dem literarischen Verein „Durch" an, der Avantgarde des Berliner Naturalismus. Unter dem Sozialistengesetz wurde er wegen Beziehungen zu angeblichen Untergrundaktionen in Breslau verhört – eine Erfahrung, die ihn mit dem Polizeistaat in Berührung brachte und derart schockierte, dass er in die neutrale Schweiz auswich. 1910 schloss Hauptmann die Arbeiten an den „Ratten" ab, bereits im Januar 1911 fand die Uraufführung statt. Zu dieser Zeit hatte sich Hauptmann mit seinen literarischen Arbeiten bereits weit von den naturalistischen Idealen entfernt, daher rührt wohl auch die ironisch-selbstkritische Dialogführung im Künstlerdisput zwischen Hassenreuter und Spitta. Dass er 1912 den Nobelpreis für Literatur gerade wegen seiner naturalistischen Arbeiten erhielt, weist nur darauf hin, wie sehr Hauptmann durch seine erste Rezeption auch international festgelegt war.
Das Verhältnis zum offiziellen Deutschland änderte sich erst mit dem Ausbruch des I. Weltkriegs, der Hauptmann dazu verleitete, hurrapatriotische und nationale Schlachtgesänge zu veröffentlichen. Ratlosigkeit und Naivität prägten auch weiterhin sein Verhältnis zur Politik. Einerseits rief er auf Bitten Maxim Gorkis 1921 zur Unterstützung der hungernden Bevölkerung in der UdSSR auf; andererseits versuchte er nach dem Machtantritt der Nationalsozialisten 1933 sein gewohntes Leben als unpolitischer Dichter weiterzuführen, als sei nichts geschehen. Widersprüche und Ungereimtheiten waren auch in der Zeit des Faschismus kennzeichnend für Gerhart Hauptmann, etwa, wenn er die Bücherverbrennungen am 10. Mai 1933 als „reine Albernheit mit brenzlichem Gestank" bezeichnete. Ein ambivalentes Leben stellt sich so in der Überschau dar, das in mehr als einer Hinsicht dem seines jugendlichen Naiven Erich Spitta gleicht.

A 37: Lebensbilder Gerhart Hauptmanns

Die drei Fotografien (A 37, M 1–3) zeigen Gerhart Hauptmann in drei Lebensstadien: als den jugendlichen Dichter, der sich entschlossen in Pose wirft. Der Fünfzigjährige erscheint dagegen als wohlhabender Snob, der mit seinen Söhnen das Leben an der italienischen Riviera genießt und wenig mit dem Skandalautor naturalistischer „Rinnsteinliteratur" gemein hat. Der Siebzigjährige schließlich gibt sich den Anschein eines bereits kanonisierten Autors: sein Profil gleicht nicht umsonst den idealisierenden Goethe-Darstellungen des 19. Jahrhunderts: ein Klassiker der deutschen Literatur wollte wohl auch er im 20. Jahrhundert sein; entlarvend sein epigonales Selbstverständnis: tritt er hier nicht selbst in die Fußstapfen seiner Theaterfigur Harro Hassenreuter? Mit Schülern lassen sich diese Formen der Selbststilisierung problemlos erarbeiten. Der Versuch, selbst in diese Rollen zu schlüpfen und die Posen nachzuahmen, erleichtert die Analyse und Bewertung.

A 38: Gerhart Hauptmann privat

Die Nominierung Gerhart Hauptmanns für den Literatur-Nobelpreis hatte zahlreiche Pressemeldungen und Interviews zur Folge; sein 50. Geburtstag am 15. 11. 1912 tat ein Übriges. Der Artikel der schwedischen Zeitung Aftonbladet (**A 38, M 1**) sagt einiges über die literarischen und politischen Intentionen des Autors, gibt aber auch Einblicke in sein Ambiente. Er war eine Berühmtheit und pflegte einen großbürgerliche Lebensstil: seine Villa war mit „Glanz und Pracht" in „großartig[er]" Natur gelegen, sie besaß eine „gewaltige Halle", das Arbeitszimmer bestand aus „zwei bedeutende[n] Salons von beachtlichen Dimensionen". Tief unter ihm lag Agnetendorf, wo er proletarische und bäuerliche Verhältnisse beobachten konnte. Mit naivem Erstaunen konstatiert dieser Bericht, dass Gerhart Hauptmann keineswegs die Existenz eines armen Dachkammer-Poeten führte, wie man etwa vermuten könnte.
Einflüsse der naturalistischen Bewegung auf sein Werk stellte er ebenso deutlich in Frage wie die naturwissenschaftlich-experimentelle Zugangsweise des Naturalismus. Lieber würde er in Verbindung mit der literarischen Moderne des Jahres 1912 gebracht werden. Es ist nicht nur die Höflichkeit gegenüber dem schwedischen Besucher, wenn er auf August Strindberg anspielt. Nach seinem Tod im Mai 1912 begann Strindbergs Dramatik auf den Theatern populär zu werden und beherrschte für die folgenden zehn Jahre die Bühnen in Deutschland. Ambivalent sind seine Aussagen zur Politik: er sah sich als parteilosen Sympathisanten der Arbeiterbewegung; vermutlich dürfte seine Haltung nicht sehr weit von der seiner Theaterfigur, des Maurerpoliers Paul John, entfernt gewesen sein.

A 39: Rezeption im In- und Ausland

Die Karikatur des Simplicissimus aus dem Jahr 1926 (**A 39, M 1**) verweist auf das Weimarer Denkmal Goethes und Schillers. Sie zeigt das naive und völlig unskrupulöse Selbstverständnis Gerhart Hauptmanns, der sich mit Goethe identifizierte und sich als einzigen deutschen Dichter von Rang betrachtete.
Die Goethe-Verehrung des Autors war bezeugt. Seit den zwanziger Jahren bekannte er sich in Gesprächen und Aufsätzen vehement zu dem Klassiker; er war eifrig darum bemüht, durch seine Erscheinung an Goethe zu erinnern; seine Kleidung und Frisur waren dem Vorbild angepasst, Porträts gefielen ihm besonders, die an Goethe-Darstellungen erinnerten – und das, obwohl äußerlich kaum eine Ähnlichkeit bestand.
In seiner Annäherung an Goethe wird der Anspruch Hauptmanns, das deutsche Dichtergenie des 20. Jahrhunderts zu sein, offenkundig. Dieses Selbstverständnis wurde durch die zahlreichen Ehrungen im In- und Ausland untermauert. Offizielle Würdigungen sind Gerhart Hauptmann lange Zeit versagt geblieben. Erst nach der Verleihung des Nobelpreises für Literatur, vor allem aber anlässlich seines 60. und 70. Geburtstags häuften sich die Ehrungen (**A 39, M 2**). Er war damit tatsächlich in den Olymp der zeitgenössischen Autoren aufgestiegen, gehörte mit seinen Dramen zur Bildungsliteratur – damit aber gerade nicht mehr zu denjenigen, deren Werke als avantgardistische Neuorientierung diskutiert wurden.

Werner Bellmann: Gerhart Hauptmann „Die Ratten“. Stuttgart 1990 [Reclam Erläuterungen und Dokumente Bd. 8187]

Paul Berger: Gerhart Hauptmanns „Ratten“ (Interpretation eines Dramas). Winterthur 1961 [Phil. Diss. Zürich]

Karl S. Guthke: Gerhart Hauptmann und die Kunstform der Tragikomödie, in: Germanisch-romanische Monatshefte 38/1957, S. 349–369

Peter Haida: Gerhart Hauptmann „Die Ratten“. Stuttgart 1994 (2) [Klett Lektürehilfen]

Gerhart Hauptmann: Die Kunst des Dramas. Über Schauspiel und Theater. Frankfurt/M. 1963 (Propyläen)

Ernest W. B. Hess-Lüttich: Soziale Interaktion und literarischer Dialog II: Zeichen und Schichten in Drama und Theater: Gerhart Hauptmanns „Ratten“. Berlin 1985 (Philologische Studien und Quellen H.98) [Erich Schmidt Verlag]

Eberhard Hilscher: Gerhart Hauptmann. Leben und Werk. Frankfurt/M 1988 (Athenäum)

Gerhard Kaiser: Die Tragikomödien Gerhart Hauptmanns, in: Hans Joachim Schrimpf (Hrsg.): Gerhart Hauptmann. Darmstadt 1976, S. 361–384. (Wege der Forschung Bd.207) [Wissenschaftliche Buchgesellschaft]

Friedhelm Marx: Gerhart Hauptmann. Stuttgart 1998 [Reclam Universal-Bibliothek; 17608: Literaturstudium]

Rudolf Mittler: Theorie und Praxis des sozialen Dramas bei Gerhart Hauptmann. Hildesheim / Zürich / New York 1985 [Germanistische Texte und Studien Bd. 23]

Brunhild Neuland: Zu Problemen des Tragikomischen im 20. Jahrhundert – dargestellt an Beispielen der deutschsprachigen Dramatik. Jena 1975 [Phil. Diss.]

Klaus Dieter Post: Das Urbild der Mutter in Hauptmanns naturalistischem Frühwerk, in: Helmut Koopmann (Hrsg.): Mythos und Mythologie in der Literatur des 19. Jahrhunderts. Frankfurt/M. 1979 (Studien zu Philosophie und Literatur des 19. Jahrhunderts, Bd. 36), S. 341–366

Rolf Rohmer: Gerhart Hauptmann. Mit 90 Abbildungen ausgewählt von Alexander Münch. Leipzig 1977 (4) [Bibliographisches Institut]

Helmut Scheuer: Der deutsche Naturalismus, in: Klaus von See (Hrsg.): Neues Handbuch der Literaturwissenschaft Bd.18: Jahrhundertende – Jahrhundertwende (1.Teil). Wiesbaden 1976 [Akademische Verlagsgesellschaft Athenaion]

Peter Sprengel: Gerhart Hauptmann. Epoche – Werk – Wirken. München 1984 [Beck'sche Elementarbücher]

Brigitte Stuhlmacher: Berliner Häuser in modernen Dramen. Exempel: Hermann Sudermann und Gerhart Hauptmann, in: Peter Wruck (Hrsg.): Literarisches Leben in Berlin 1871–1933. Berlin 1987, S. 227–253. (Akademie Verlag)

Brigitte Stuhlmacher: „Vom Teil zur Einheit des Ganzen ...“ Gerhart Hauptmanns „Ratten“, in: Zeitschrift für Germanistik 4/1983 H.1, S. 5–24.

Benno von Wiese: Wirklichkeit und Drama in Gerhart Hauptmanns Tragikomödie „Die Ratten“, in: Hans Joachim Schrimpf (Hrsg.): Gerhart Hauptmann. Darmstadt 1976, S. 301–318. (Wege der Forschung Bd.207) [Wissenschaftliche Buchgesellschaft]

Wirklichkeit und Traum. Gerhart Hauptmann 1862–1946. Ausstellung der Staatsbibliothek Preuss. Kulturbesitz. Wiesbaden 1987

Bildquellenverzeichnis:

S. 5: bpk
S. 7: Berlinische Galerie
S. 13: *Abb. oben:* Bilderdienst Süddeutscher Verlag. *Abb. mitte, unten* aus: Sigrid und Wolfgang Jacobeit: Illustrierte Alltagsgeschichte des deutschen Volkes 1810-1900. Köln 1987. Verlag Pahl-Rugenstein
S. 14: Mauritius
S. 16: *Abb. oben:* Bilderdienst Süddeutscher Verlag. *Abb. unten:* Münchner Stadtmuseum
S. 26: bpk
S. 30: *Abb. oben:* © Ernst Voller. *Abb. unten:* © Dieter Becher
S. 63: bpk
S. 70, 71: Ullstein Bilderdienst
S. 73: *Abb. links:* bpk. *Abb. rechts:* AKG